D1132306

HILLSBORO PUBLIC LIBRARY
HILLSBORO, OR 97124
MEMBER OF WASHINGTON COUNTY
COOPERATIVE LIBRARY SERVICES

RAYO GUZMÁN

LA VIDA DESPUÉS DE MI EX

60 AÑOS
SÉLECTOR
1960-2020

La vida después de mi ex
© Rayo Guzmán

© Genoveva Saavedra, diseño de portada

D.R. © Selector, S.A. de C.V., 2019
Doctor Erazo 120, Col. Doctores,
C.P. 06720, Ciudad de México

ISBN: 978-607-453-677-5

Primera edición: octubre de 2019

Características tipográficas aseguradas conforme a la ley. Prohibida la
reproducción parcial o total mediante cualquier método conocido o
por conocer, mecánico o electrónico, sin la autorización de los editores.

Impreso en México
Printed in Mexico

ÍNDICE

A ti, cuando me acuerdo.

A Manuel.

*A todos los que mostraron sus recuerdos
y los colocaron sobre mi imaginación para contarlos.*

PRÓLOGO

uando Rayo Guzmán me invitó a hacer este prólogo, me sentí asombrada, feliz, honrada. Como si estuviera pidiéndome ser la madrina de su octavo hijo.

Es la primera vez que escribo un texto preliminar, pero sé la importancia que reviste. El libro me sumergió en historias que me revolcaron desde el presente hasta mis quince años, cuando me convertí por vez primera en la ex novia de alguien; de ahí hasta mis 32 añitos con el novio chacalito —impresentable— y así en cada capítulo para luego, ya de vuelta al presente, verme carcajeándome y recordando la sarta de cosas que hacemos por amor.

Hay tantos tipos de noviazgos como personas distintas en el mundo, pero al final todos anhelamos lo mismo: quedarnos con quien más amamos. No siempre se puede y no siempre es así, porque existe gente que lastima y que no sabe amar.

Es un viaje a través del álbum de recuerdos empolvado en el que algunas fotos están más *tachoneadas* que otras, recuerdos vívidos que a ratos siguen doliendo, pero ¿qué no recordar y sentir es un privilegio que sólo poseemos los humanos?

Todos somos un ex de alguien y todos hemos tenido alguna vez un amor. ¿Quién no tuvo un amor platónico? No sé ustedes, pero fui de esas personas que se inventaba un noviazgo para contrarrestar la maldita soledad. Así de dolorosas, tristes y patéticas pueden llegar a ser las historias de amor, pero todas las relaciones siguen, no se acaban. Se termina el vínculo, pero la vida continúa, se calman las aguas, y entonces llegan cosas mejores. Porque las historias modernas no acaban cuando terminan, nos siguen de alguna manera, y este libro lo escriben los sobrevivientes de un mal querer y los valientes que han huido con todo y su amor.

Una de las lecciones de amor y libertad más bellas que he experimentado la aprendí con un hombre que conocí por casualidad, el cual me dijo: "En diez días me regreso a Los Cabos, estemos juntos y después tal vez no nos volvamos a ver". Respondí: "¡Sí!", y ahí practiqué el desapego; los diez días se convirtieron en ocho meses viviendo juntos, y yo seguía desprendiéndome del afecto, así que cuando, un día en la mañana, anunció: "Me voy", no sufrí. Se fue y me quedé como cuando Nadia Comăneci terminó su rutina: así, de sopetón, con los brazos abiertos y feliz.

Ya me desvié, estoy contando mi historia, pero es que todos tenemos una que gritar, una que escribir, una atorada, atravesada en la garganta o en el corazón y, como dice este libro: a veces "el mejor lugar para un recuerdo es el olvido". Aunque en ocasiones dicho olvido en realidad es una piedra en el zapato que se niega a salir. Un novio es temporal, pero un ex novio es para siempre; nuestra historia amorosa se conforma por todos nuestros ex. TODOS.

Si tuvieran que elegir contar la historia de sólo un ex novio, ¿cuál contarían? Así es este libro, salpicado de grandes historias y tristes anécdotas aderezadas con verdades fuertes.

Los humanos poseemos la capacidad de amar a todas las especies; si no me creen revisen la lista de sus ex novios. Todos tenemos un amor que nos marcó para siempre; sin embargo, una marca no necesariamente es una cicatriz, hay heridas que te abren los ojos en este campo de batalla del que todos vamos a salir heridos. Porque llevamos la herida del ex novio que se fue sin decir adiós, pero que al mismo tiempo nos libró de su presencia: el ex novio Houdini, o ¿fui a la única que le sucedió?

Por otro lado, la propuesta literaria de Rayo Guzmán también nos hace preguntarnos algo de lo que no nos habíamos percatado: ¿qué ex novia (novio) soy/fui/he sido? ¿Qué dejo yo en los demás? ¿Le habré enseñado algo a algún ex novio? Esta obra podría quedarse en doscientas páginas leídas para enseguida comenzar a leer otra, pero por lo menos a mí me hizo ir recordando cada tanto a las personas a quienes les abrí mi corazón y que ya no están o ya no quiero que estén, aquellos de los que no sé nada a pesar de la existencia de las redes sociales.

Es un gran ejercicio darnos cuenta de cómo transcurrieron los años y cómo todo se acomoda. Cuántos de nosotros hemos visto al ex y razonamos: "¿Cómo pude?, ¿eso me gustaba? Y pensar que daba mi sangre por él. ¡De la que me libré! Gracias, Diosito."

Si bien el texto nos hace reflexionar, el estilo de Rayo Guzmán es divertido, emotivo, nos sumerge en una vorágine de relatos, de narraciones reales tocadas maravillosamente por su pluma, de modo que consigue que todas las historias estén llenas de frases que cimbran hasta los huesos. Suspiros y carcajadas: eso me provocó el libro que tienen en sus manos.

Es un atlas de los ex. Disfruté pensando que alguna vez me gustaría saber cómo "ese ex" cuenta nuestra historia.

MÓNICA ESCOBEDO
Mayo de 2019

INTRODUCCIÓN

n la economía del universo de las relaciones de pareja nada se desperdicia. Hay personas que aparecen en nuestro camino y creemos que llegaron para quedarse con nosotros por siempre. Nos hacen sentir intensamente eso que de entrada llamamos *amor* y de salida a veces *odio*. Comenzamos a escuchar canciones románticas, a escribir poemas y a publicar en redes sociales lo enamorados que estamos. Incluso llevamos a esa persona a nuestro hogar y la presentamos a nuestros familiares como "el amor de nuestra vida". Sí, a todos nos ha pasado. Son pocos los seres humanos que han conta-

do con un Cupido de puntería acertada al primer tiro. Sin embargo, para la mayoría se dispararon varias flechas que han atinado en corazones pasajeros y es entonces cuando del amor se pasa a la decepción. De escuchar canciones románticas pasa uno a terminar acostado en posición fetal sobre la cama escuchando baladas de despecho o una que otra canción ranchera rencorosa. Pero una vez superada la prueba, el tiempo, que es sabio, nos explica el porqué del paso de esa persona por nuestra vida.

Éste es un libro que no pretende otra cosa que entretener al lector sumergiéndolo por el terreno escabroso y a veces cómico de las relaciones amorosas fallidas. Esas que se han archivado en el cajón de lo que no se llegó a concretar, de lo que quedó inconcluso o que terminó porque cerró su ciclo: el universo de los ex. Relatos para sentirnos acompañados en ese arranque de nostalgia o de curiosidad que a muchos se nos introduce de manera intempestiva al corazón cuando nos acordamos de alguien con quien compartimos un trayecto de nuestro camino. Relatos inspirados en historias reales que nos hacen recordar que el pasado es un cofre lleno de tesoros que a veces abrimos con los ojos inundados de nostalgia, para sacar de él momentos que nos mantienen vivos. Otras ocasiones no queremos volver a abrirlo porque todavía sentimos rencor, dolor o frustración, incluso odio. Sin embargo, nadie se mete a nuestro corazón sin dejarnos una lección en ese cofre lleno de ayer que nos explica nuestro presente.

LA VIDA DESPUÉS DE MI EX

EL MUNDO ES REDONDO Y GIRA

Porque el amor cuando no muere, mata.
Porque amores que matan nunca mueren.

JOAQUÍN SABINA

e la pasaba horas con mi amiga Irina platicando de él. Ella atendía un restaurante en el centro de Morelia y, con el pretexto de esperarla mientras terminaba su turno, pedía un refresco y me sentaba en la barra a contarle lo mucho que amaba a Joaquín. Ella fue testigo de cómo, con lágrimas en los ojos, le dije lo mucho que lo extrañaba cuando se largó a estudiar a la Ciudad de México. Joaquín era huérfano de padre y sus abuelos maternos lo criaron y pusieron todo su empeño en hacerlo hombre de bien. Hacerlo hombre de bien incluía estudios universitarios y a mi *Joaco*, como le decía de cari-

ño, se le ocurrió estudiar una ingeniería fuera de la ciudad. En estos momentos de mi relato aún ruedan por mi rostro lágrimas de dolor —o tal vez de coraje— por haber sido tan ingenua, pues sin darme cuenta promoví a Joaco como el hombre ideal en mis pláticas con esa seudoamiga que en mi historia resultó ser Irina "la ganona". Ahí estuve de estúpida llorándole al Joaco en el hombro de esa mesera que después me dio con una silla en la cabeza. Pero voy despacio en mis recuerdos, para repasarlos con paciencia y entender dónde se torció la rama de ese amor. Irina supo que yo no dormía por estar extrañándolo, que me quería morir con su ausencia y más imaginando que allá, en la capital, posiblemente se enamoraría de otra. Irina supo que todas las noches lloraba frente al cuadro que el Joaco me regaló antes de irse. Una imagen enmarcada de los dos agarrados de la mano, parados afuera de la catedral. Atrás del cuadro escribió de su puño y letra: "Para Bibiana, el amor de mi vida. Tuyo para siempre". Así es, esa imagen fue el balde en el que vacié mi tristeza de joven enamorada. Lloré tanto que mi madre ya no me decía Bibiana, me decía Magdalena, por tanta chilladera que traía por todos los rincones de la casa.

A Joaquín Jaraleño lo conocí cuando cursábamos el bachillerato; él iba en el grupo A y yo en el B. Nuestros salones estaban uno al lado del otro y durante los recesos empezamos a platicar. Primero de asuntos de la escuela, después de situaciones de la vida y luego de cosas de cada uno. Me pidió ser su novia a los tres meses de conocernos y se convirtió en el novio ideal. Me regalaba peluches, me llevaba al cine, íbamos juntos a fiestas y pasábamos horas platicando. Me encantaba escucharlo y que me escuchara. Era mi confidente y con él aprendí a ser más paciente con mi padre y sus ideas complicadas. Me decía: "Bibi, yo crecí sin padre y no sabes lo mucho que lo extraño; tú tienes al tuyo, respétalo y abrázalo, no te dice las cosas para un mal tuyo". Me daba consejos, me cantaba canciones al oído y me ayudaba con las tareas. Maldito tiempo que pasa y nos hace crecer. La preparatoria se terminó y tuvimos que comenzar a jugar al adulto y elegir nuestros futuros profesionales. Entonces se fue. Así como lo leen: se fue. Nada más no regresó nunca más. Llamó por teléfono y me dijo que no tuvo valor para mirarme a los ojos y decirme adiós. Que ya estaba en la Ciudad de México, que su tío le consiguió una beca y que no iría seguido a Morelia por cuestiones económicas, que no quería quitarme el tiempo, que volviéramos a ser amigos y cada uno para su mecate, y como chango suelto me dejó abrazada al árbol del dolor. Y ahí voy de idiota a llorar en el hombro de Irina, a contarle todo lo que extrañaba de mi Joaco. Me acuerdo y me vuelvo a cachetear yo misma por estúpida.

Cuando se ama con tanta pasión y entrega siendo joven no se alcanzan a ver muchas señales. Es hasta que uno madura y se enciende el radar de la autoprotección emocional cuando las aprende a captar y entender. Me puse más flaca que la Catrina, con los ojos saltones y sin fuerzas. Por seguir la inercia de la vida me inscribí en la universidad y comencé a estudiar leyes. Durante meses regresaba de la facultad y de inmediato me metía bajo las cobijas, hecha bolita en mi cama, escuchando la música que me recordaba a Joaco; me ponía a cien veces el cuadro donde estábamos y luego volvía a llorar. Arrancarse un amor como el que yo sentí por él me costó vida y salud. Creí estarme volviendo loca porque colgué sobre la pared de mi habitación varios muñecos de peluche que él me había regalado; llegué a ver que les brillaban los ojos y que se me quedaban viendo con instinto asesino. Así de trastornada me estaba dejando ese amor. Llegué a pensar que esos peluches eran hermanos de Chucky, el muñeco diabólico, y que un día se bajarían de la pared para ahorcarme. De manicomio. Así me puse y, ahora que me acuerdo, confieso que me río. Una o dos veces por semana pasaba a visitar a Irina al restaurante y le contaba todo esto, y hasta consejos me daba la muy mustia.

Un día —y no me pregunten cómo porque no sabría contestar— me levanté y arranqué los muñecos de la pared, saqué sus cartas y sus recuerdos, metí todo en un costal y lo tiré a la basura. Creo que me cansé de sufrir o me dio vergüenza conmigo misma, no lo sé. Lo único que empaqué con papel periódico fue el cuadro que les he descrito y lo guardé en lo más alto del clóset. Ahí donde se guardan las cosas que ya no usas o que casi no utilizas. Y seguí con mi vida.

Dejé de ser la flaca chillona para convertirme en una mujer bella, frondosita y, además, abogada. Califiqué para un trabajo en los tribunales del estado y compré coche del año, ropa más adecuada a mi nuevo estilo de mujer profesionista, y empecé a conocer a muchas personas.

Un buen día, recibo una llamada de Irina. Había dejado de frecuentarla, ella había ascendido a administradora del restaurante (ya no era una simple mesera, ja), y me invitó un café. Quedamos de vernos en los portales del centro y, cuando iba hacia el lugar, sentí una aguja encajada en mi vientre. Una aguja llena de presentimiento, premoniciones o como le quieran llamar. Una mujer llena de eso que hace que a veces nos llamen "brujas". Pues así llegué, con el estómago encogido, a escuchar una noticia que vino a restregarme el corazón contra el pasado.

—Bibiana, ¿te acuerdas de aquel novio del que me platicabas tanto?, el que se fue a estudiar a la capital.

"Obvio que sí", me dije a mí misma, pero ante ella fingí estar buscando con mucho trabajo entre mis recuerdos a ese cabrón.

—¡Ah, sí, el Joaquín! ¿Qué se habrá hecho?

—Pues fíjate que no sé cómo, pero nos encontramos y no sé cómo se fueron dando las cosas, el caso es que nos vamos a casar.

Respiré profundo, sintiendo la aguja esa que les digo encajada ya no en la panza, sino en el corazón. Pero con dignidad recuperé el aplomo y le dije que me daba gusto y que les deseaba que fueran felices. Luego fingí que me entraba una llamada al celular y le comenté que tenía que irme a los tribunales, pero que seguiríamos en contacto.

¿No sabes cómo, perra?, ¿no sabes cómo pasó?, ¿no sabes cómo? ¡Te haces pendeja! ¡Claro que sabes cómo! Si yo misma te lo recomendé, yo misma durante años te dije que era el hombre

ideal, el más cariñoso, el más amoroso. Esto y más iba yo gritando en el coche mientras manejaba a toda velocidad por el libramiento a Salamanca. Me subí al carro con el deseo de desaparecer para siempre. Pero llegué hasta Salamanca gritando a pecho abierto mi dolor, mi decepción, mi rabia. Luego me pinté los labios, me acomodé el cabello y regresé a mi casa, a mi vida.

Y así, con una cicatriz en mi corazón por doble decepción (del ex novio y de la ex amiga), dejé el cuadro de Joaco y Bibiana arrumbado en el olvido. Ahí, en lo más alto y profundo del clóset, donde se guardan las cosas viejas, las que no usas, las que no hacen falta en el día a día. Esas que se arrumban en algún lugar para que no estorben.

Dos años después conocí a Hiram, un contador de los tribunales. Vivimos un romance de un año y medio y nos casamos. Llegó mi hijo Fabricio (que hoy tiene 17 años), mi más preciado tesoro. Ese cuadro donde Joaco y yo estábamos juntos quedó en el olvido, pero mi amor por él no. Así como lo leen: el muy maldito ha estado presente en muchos momentos de mi vida, en estrofas de canciones, en lugares que visito y hasta en mis sueños. Estuve casada con Hiram doce años y nos divorciamos.

Si me preguntan la causa: el desamor que yo inconscientemente demostré al convertirme en una esposa gritona e intolerante, porque en lo más recóndito de mi ser existía un comparación indeseada e inevitable con Joaco. Esa comparación que fue un intruso doloroso, invisible e incorpóreo que habitó en los senderos de mi matrimonio sin que me diera cuenta. De manera respetuosa y amable nos separamos. Y hasta el día de hoy somos cordiales amigos y buenos padres para Fabricio, a pesar de no estar juntos.

Pero el mundo es redondo, y gira. Da vueltas durante los años que pasan y pasan. Siguen y se acumulan. Y un día —de esos que quedan marcados en el calendario de tu vida para siempre— encendí la computadora y entré en mi Facebook. ¡Sorpresa! Una invitación de amistad de Joaquín Jaraleño. Así como lo leen. Veinte años después del otro lado del *clic* estaba mi Joaco.

Chiflé, me tallé los ojos, me los volví a tallar. ¡No lo podía creer! Pero sí, era cierto. Joaquín Jaraleño quería ser mi amigo en Facebook y abrí cien veces su foto de perfil. ¡Claro que era mi Joaco! ¡Y claro que lo acepté! ¡Cómo no! Le di *aceptar* en chinga y con ese *clic* otra vez se abrió mi corazón.

A los veinte minutos ya estábamos platicando. Veinte años no se platican en poco tiempo, así que ese fue el inicio de largas charlas por Messenger que hacían de mis noches alegría y de mis días esperanza.

Hablamos de nuestros cambios, físicos y mentales, de nuestros hijos y de nuestros recuerdos. El saber que existíamos y que había un cordón cibernético que nos volvía a unir en la distancia nos dio paz. Y hablo en plural porque él dijo sentir lo mismo.

—Por fin te encontré, Bibi, ya te había buscado aquí desde hace tiempo, y veía tu foto de perfil una y otra vez. Pero por fin tuve el valor de contactarte.

Lo sentí sincero.

Nos dimos cuenta de que no habíamos dejado de pensarnos, de que los dos no habíamos logrado olvidarnos y eso me sacó ese deseo de venganza que me sembró en el alma mi "amiga" Irina.

Una noche en que estábamos charlando me dijo que pronto iría a Morelia y que me quería ver. Después de casarse, Joaco se fue a radicar a Monterrey y tenía dos hijos, una niña de 15 años y un niño de 12. Como sus abuelos habían fallecido le quedaban pocos pretextos para visitar Morelia, pero ahora que me había encontrado ya tenía uno y muy especial. Debo admitir que creí que estaba bromeando y que sólo lo decía por externar algo que me hiciera sentir bien. Pero sí vino a visitarme.

Tocó a la puerta de mi casa a las siete de la tarde de un martes lluvioso. Mi hijo estaba en la sala entretenido con su videojuego y yo con el cepillo en la mano alisando una y otra vez mi larga cabellera negra. No quería que Joaco viera lo despeinada que me había dejado su abandono. Cuando abrí la puerta nos abrazamos y sentí un sollozo sobre mi cuello. Yo tenía un nudo atorado en mi garganta, otro en mi estómago y mis piernas parecían hechas de gelatina. Lo único que pasaba por mi mente era expresar: gracias, vida, por este instante. Hazlo eterno.

Cenamos en mi casa con mi hijo, a quien ya le había hablado de Joaquín. Recordamos muchas cosas, lugares, momentos, olores, sabores, eventos. Se nos fue la noche y, antes de irse, prometió regresar al día siguiente. Y regresó.

Los días que estuvo en Morelia los pasó conmigo. Entendí entonces que sólo había ido a verme, sin otro motivo más. Me convertí otra vez en su motivo. Y fui inmensamente feliz.

Joaco me regresó las mariposas que me había arrebatado con su abandono, con su traición. Poco a poco las fue depositando otra vez en mi vientre y comenzaron a revolotear. ¿Cómo lo logró? Con ese beso que me dio al tercer día del reencuentro. Ese beso que fue reconocido inevitablemente por mi boca. Ese beso con sabor a arrepentimiento, con olor a "siempre te extrañé".

No mentiré, sentí también ese dulce sabor de la revancha cuando pensé en Irina. Saqué del clóset el cuadro arrumbado por mi dolor y lo desempolvé. Cuando leí la frase que Joaco escribió de su puño y letra no pude evitar pensar en Irina y a lo lejos reiterarle en silencio: "Te lo dije, es mío para siempre".

Y aquí seguimos, en este mundo que gira y nos revuelca de vez en cuando. Pueden juzgarme si quieren, eso es lo que menos me importa. Aquí estoy en mi vida de hoy con mi amor de antes. Viene a visitarme cada dos o tres meses. Se ha inventado negocios en Morelia y uno que otro compromiso con amigos. Esos negocios y compromisos hoy tienen mi nombre: Bibiana. Y no siento remordimiento porque lo amo y porque palpo el amor de Joaco. Me lo demuestra.

Cuando estamos juntos, en la intimidad de una alcoba de algún hotel, siento sus manos acariciando mi cabello, sus ojos adentro de mis pupilas y lo que percibo es real. No puede ser mentira. Cuando recargo mi cabeza sobre sus piernas y me acaricia la cara lo veo sonreír y ser el mismo muchacho de 16 años que se robó mi corazón cuando nos conocimos en la preparatoria. Canta cuando se ducha y baila con la toalla enredada sobre su cintura. Me cuenta lo que pasa en su día, me platica de sus hijos y de sus preocupaciones de trabajo. Yo hago lo mismo. Nuestros mundos se han enlazado a pesar de la distancia y de las circunstancias. Es complicado porque él sigue casado con Irina, y cuando tocamos el tema veo la impotencia en sus ojos. Pero esta vez no la voy a cagar otra vez. No lo ahuyentaré de mi vida con presiones que están de más por el momento. Pueden pensar que soy una estúpida, pero es mi decisión y así la asumo. He decidido vivir el presente con él, porque vivir del pasado y de su recuerdo me es doloroso. Prefiero vivir el presente con Joaco así como está: lejos, casado y enamorado de mí otra vez.

Prefiero llenar mis desveladas de risas a su lado a través del chat. Porque me gusta pensar que él imagina que si yo hubiera sido su esposa su vida sería mejor. Porque me gusta quien es hoy, el hombre en que se ha convertido, y lo que más me agrada es que me haya buscado. Es un hombre inteligente, perseverante, un padre amoroso y ya los dos tenemos la madurez para platicar de nuestras vidas y circunstancias sin confundirnos demasiado. Tenemos la misma sed de aprender, de conocer, de emprender proyectos y lo compartimos todo: sueños, descalabros y miedos.

¿Que si me duele el *hubiera*? Claro que sí. Duele pensar que *hubiera* sido un excelente padre para mi hijo, que mi vida *hubiera* sido muy divertida a su lado, que me *hubiera* encantado dormir y despertar acurrucada entre sus brazos cada maldito día de estos últimos veinte años.

Por eso evado el *hubiera* y exprimo al máximo los trocitos de *hoy* que paso en su compañía. Sea como sea, es mío y no llevo prisa ni tengo expectativas más allá de amarlo. Porque es mi compañía perfecta a pesar de estar físicamente tan lejos, porque es el cómplice de mis aventuras y desventuras. Habrá quien diga que es indigno terminar siendo la amante de un ex novio. Yo prefiero no juzgar lo que no se ha vivido porque los toros se ven muy diferentes desde la barrera. Hay quien me dice que esto no tiene futuro, y respondo que en mi presente soy feliz.

Me he comprado ropa nueva, voy más a menudo con la estilista, me pinto las uñas y regresé al gimnasio. Mis alimentos son más saludables y estoy haciendo otra maestría. Con el regreso de Joaco, también retornó algo de mí que estaba perdido. Si Joaco algún día se vuelve a ir de mi vida, quiero quedarme con una versión mejor de mí después de él. Y si se queda a mi lado, quiero ser la mujer que admira, con la que sueña, la mujer que nunca volverá a soltar de la mano. Mientras el tiempo nos arroja respuestas abro mi Facebook cada noche y comparto mi vida con él.

Subo alguna foto que él sabe que me la tomé para él. Publico alguna frase que escribí para nosotros, o simplemente chateamos hasta la madrugada.

Y como dice la canción de los Ángeles Azules:

Y no es que tenga dolor
pero tú eres mi obsesión.
Voy a inventarme algún pretexto
para tu encuentro.
Si existe el día del amor
o el día del trabajador
por qué no vamos
a inventarnos algún festejo.
Hoy es día del ex novio
y vamos a festejarlo hoy.

Porque el presente es lo único que me queda a su lado, el pasado nos jugó rudo, y el futuro es inimaginable para un *nosotros*, así que me quedo con el presente y que el mundo siga dando vueltas.

ESPEJISMO

Hay ocasiones en la vida en que
compruebas que el amor es ciego.

ANÓNIMO

e define un espejismo como una ilu-
sión óptica, como una imagen o una
realidad engañosa, y la historia que
les voy a contar tiene mucho de
esto. No dudo de que más de un lector se identifique porque con el paso
de los años he descubierto que mu-
chos han cojeado del mismo pie que yo y eso me hace sentir
acompañado en este relato.

La conocí en una fiesta en casa de mi amigo Federico.
Eran los años ochenta y andaba la Cindy Lauper a todo es-
cuchándose en la radio y en las discotecas. Las chicas se pin-
taban mechones rojos y con una cerveza en mano se ponían

a bailar como loquitas al son de "Girls Just Want to Have Fun". Y ahí estaba ella, Dalia Cervera, sacudiendo la cabeza y brincando acompañada de un par de amigas. Cuando me la presentaron se me hizo guapa, pero obviamente traía toda la producción ochentera: kilos de *superpunk* en el copete y sombras rosas con amarillo en los párpados, además de un vestido con cuello y mangas con encaje, y la falda con encaje y entre tanto encaje pues hasta me pareció bonita. Bailamos un par de rolas y la llevé a su casa. Ahí me di cuenta de que era hija de unos señores conocidos por mis padres, de una familia de abolengo, como se usa decir, "de toda la vida" residente de Torreón.

—Juan, le gustaste a Delia —me dijo Federico al día siguiente.

—Está *mona* la chava —contesté sin mostrar mayor interés.

—Pues yo me haré novio de Estela, su amiga. Son chavas de buena familia y buena onda, deberías aventarte a andar con ella, al cabo no te va decir que no.

Y así fue como empecé con ese noviazgo. Cuando le comenté a mis padres que Delia era mi novia, de inmediato conté con su aprobación, pues era "hija de familia"; sus progenitores, ciudadanos decentes. Ahora, a la distancia, veo cómo muchos seres humanos crecemos encerrados en paradigmas preestablecidos, y sin darnos cuenta los reproducimos nada más porque es lo que se debe hacer, sin ver el horizonte de posibilidades que la vida nos presenta. Menos a esa edad, en la que uno es más hormona que cerebro.

Delia era amiguera y eso balanceaba mi carácter hosco y tímido. Se convirtió en mi sombra, y cuando digo mi sombra es tal cual. Comenzó a acompañarme a todos lados, y como estábamos en la misma escuela no resultó complicado que nos fuéramos amalgamando a través del tiempo. Pertenecíamos al mismo grupo de amigos, acudíamos a las mismas fiestas y escuchábamos la misma música, hasta nuestros padres asistían a las mismas reuniones. Yo no era mal parecido, tenía mi *pegue*, y en más de una ocasión salí con otras chicas. Todas más guapas que Delia, pero siempre regresaba al confort de ese noviazgo en el que yo era el dominante —porque ella era muy dócil conmigo—, además de ser un noviazgo aplaudido y aceptado por mis amigos y mi familia. Y así pasaron los años. Hubo muchas señales que no vi. Por ejemplo, cuando decidí estudiar diseño gráfico, ella también, y se inscribió en la misma universidad. Tengo muy presente cuando le pregunté si en verdad lo hacía por convicción y me respondió:

—Pues no me atrae ninguna carrera, pero contigo será más fácil estudiar, en lo que nos casamos.

En aquel momento me resultó hasta divertido y cómodo el asunto porque tuve quién me ayudara con mis tareas, pero en definitiva estaba muy joven y ciego para ver más allá del momento y predecir las consecuencias. Cuando mis nuevos amigos me preguntaban qué onda con mi vida, respondía incluso con orgullo: todo bien, estoy estudiando lo que quiero, tengo una novia decente y mis padres me apoyan.

Cuando tienes veinte años no ves las veinte pendejadas que estás haciendo, pero así fue mi historia. Delia iba ganando peso con el paso de los años; se puso cachetona y dejó de arreglarse para verme. Era tanta la confianza que se había instalado entre nosotros como novios, que como dos esposos con años de casados nos convertimos en "doñitos" que salíamos en ropa deportiva y sin peinar a todos lados.

Teníamos veintidós años cumplidos y cuatro de novios. Eso sí, tanto sus padres como los míos, felices con nuestra relación y nuestro grupo de amigos se convirtió en una segunda familia. Federico terminó casado con Estela porque se comió la torta y abandonó su carrera de abogado para ponerse a trabajar con su papá en su despacho de arquitectos. El día en que Fede se casó nunca se me va a olvidar porque lo vi tan triste que parecía que iba a un velorio y no a su boda. Cumplió y no se rajó. Pero esa no es mi historia.

Yo sí me percataba de que Delia ya daba por hecho que yo sería su esposo. He llegado a pensar que esa era su única aspiración en la vida. Pasó por la universidad sin pena ni gloria, "de panzazo", como se acostumbra decir. A ella lo que le entusiasmaba era tener una familia, hijos y, obvio, un marido trabajador como su papá. Porque todos los días me recalcaba que su padre era un ejemplo y que no había hombre más responsable y trabajador sobre la Tierra.

No me pregunten cómo sucedió, pero la inercia de la vida me fue llevando. Quizás el confort de las costumbres y la comodidad de tener todo bajo control. Sea como sea, terminé la universidad y entonces sí empezaron los problemas. Me di cuenta de que no era feliz al lado de Dalia. Que me estaba conformando con tener a mi lado a alguien siempre dispuesta a estar. Tener al lado a alguien que te ama y que sabes que nunca se irá te da cierta seguridad. El miedo a que nadie más me quisiera también tiene mucho que ver en esta etapa de mi vida. Era más inseguro y del mismo modo me importaba mucho el "qué iban a decir mis padres", los de ella, mis amigos.

Sin embargo, cuando estaba solo, me ponía a imaginar una vida distinta, lejos de Torreón, conociendo otros países y culturas. Y otras mujeres. Pero cuando me hallaba con Dalia, me repetía: *No es tan fea cuando se arregla… Tiene buenos genes; su papá es feo, pero sus otros familiares no tanto… Sabe cocinar muy sabroso… Será buena madre… Mi mamá se lleva muy bien con ella…* Y así fui construyendo el espejismo. Me conté a mí mismo la historia que quise, y además me la creí.

Nos casamos un año después de terminar la universidad. Claro que fue la boda del año. Los hijos de dos familias respetables unían sus vidas y todos felices. Todos menos yo. Hoy veo las fotografías de mi boda y en todas se me ve una sonrisa nerviosa. No me encontraba entero ese día. Una parte de mí se estaba anestesiando por mucho tiempo. Y ahí andábamos Juan y Delia, dando continuidad a lo establecido. En palabras de ella: "Haciendo lo que sigue". No, ni idea tenía de lo que seguía.

Nos fuimos a vivir a una casa que mi padre nos regaló. Una casa que Delia convirtió en sucursal de la casa de sus padres. Metió en nuestra casa muebles similares a los de ellos, puso tapices iguales en nuestras paredes, se metió con todo y sus costumbres y sus maneras. Empezó incluso a vestirse como su mamá. Todo esto que les describo creo que siempre estuvo presente pero no vi las señales. Estaba ciego.

Comenzó a hablarme como si fuera su hijo: "Cómete toda la sopa que pasé toda la mañana cocinando para ti". "No dejes tus zapatos ahí tirados". "Llega temprano que tenemos cena en casa de mis primos".

—¿Por qué tenemos que ir todos los domingos al supermercado, Delia? Me gustaría descansar o hacer alguna otra actividad.

—Eso hacen los esposos. Van al supermercado juntos.

Y cuando nació Juanito —nuestro hijo mayor— todo se puso peor. Ahora tenía la justificación perfecta para seguir tratándome como un hijo, porque ya era madre.

Y un buen día el velo comenzó a caer de mis ojos. Se destapó mi mirada y me di cuenta de que Delia no me gustaba, que ya no me atraía, que no era feliz a su lado. Me sentía un patán cuando, al estar solo, me llegaban esos pensamientos, pero es la verdad. Comencé a observarla y noté que no me gustaban sus ojos, ni su sonrisa, ni su manera de hablar, ni cómo caminaba. Y lo peor, que no me agradaba su manera de pensar, de expresarse de los demás ni su forma de ver la vida. Me asusté al ver cómo le interesaba demasiado lo que los demás opinaban, más que lo que yo pudiera sentir. Sentí pavor al descubrir que lo importante para ella era competir con sus amigas a ver quién tenía el mejor marido, el mejor coche o los mejores viajes. Me percaté de que yo era sólo su proveedor, y que su primordial aspiración era que yo fuera como su padre.

Nuestras relaciones sexuales resultaban insípidas y se daban más por cumplir que por amar. Nació mi hija Fabiola dos años después de Juanito. Mis hijos eran los únicos que me hacían soportable ese fuego lento que me consumía al permanecer al lado de Delia.

Un día me vi en el espejo con treinta y ocho años encima y catorce de matrimonio. Tomé la decisión y le pedí el divorcio.

No había otra mujer de por medio, no hubo un conflicto en específico. Fueron la acumulación de falta de amor y de sueños. La ausencia de metas en común y el desgaste emocional que causa el vivir junto a alguien que no te atrae, y a quien ya no amas. Claro que ardió Troya. Nuestros familiares y amigos quisieron interceder y por supuesto que los mandé al diablo. Ya no estaba ciego. El espejismo había desaparecido.

Con la consecuencia de mi decisión a cuestas, renté un departamento cerca de mi empresa, una agencia de publicidad que establecí al lado de un amigo de la universidad. Le dejé la casa y mis hijos pasan conmigo fines de semana y fechas especiales. Cabe mencionar que ella tan pronto pudo vendió la casa porque necesitaba el dinero y regresó a vivir con sus padres, con todo y mis hijos. A pesar de no estar de acuerdo, sigo siendo para Delia un buen proveedor y para mis hijos un buen padre. No desecho la idea de que ellos vengan a vivir conmigo en un futuro. Todo esto fue muy difícil, pero valió la pena.

Delia pasó por varias etapas. La primera fue de odio y hablaba mal de mí con quien se le ponía enfrente. Después llegó la etapa de la cordialidad y comenzó a visitarme en la oficina con el pretexto de tratar algún asunto sobre mis hijos. Me mandaba mensajes cariñosos diciéndome lo mucho que me extrañaba. Pero yo no sentía nada. Siento por ella un discreto cariño y respeto por ser la madre de mis hijos. Nada más allá de eso. Después le dio por el acoso. Me llamaba dos o tres veces al día, me acosaba en redes sociales y le decía a nuestros conocidos y amigos que estábamos en proceso de reconciliación. Se tomaba un par de cervezas y me marcaba al teléfono a altas horas de la noche. Llegué a sentir lástima por ella, pero así fueron las cosas.

¿Cómo pude estar tan ciego y no ver durante tantos años lo diferentes que somos? No lo sé, tal vez en algún momento la amé, pero ese amor fue ciego. O quizá nunca la amé, pero fingí que sí y sólo me enamoré de lo que los demás decían de ella y de nosotros. Una pareja decente de dos muchachos de familias respetables. No lo sé.

Me he hecho asiduo a correr. Le meto mínimo cinco kilómetros diarios a mis tenis y descubrí que soy excelente cocinero. Disfruto mi espacio, mi departamento decorado a mi gusto, y cuando mis hijos me visitan cocino sus platillos preferidos. Aseguran que me quedan más sabrosos que a su madre. En mi trabajo mi desempeño ha mejorado, tengo proyectos nuevos y me siento no en mi segundo aire, sino en el primero. Es la primera vez que soy yo con mis decisiones.

Mi ex mujer me ha dejado lecciones que ni ella se imagina. He aprendido a externar lo que pienso, a conversar, a no quedarme hermético como si no pasara nada a mi alrededor para seguir fluyendo. Trato de aprender nuevas cosas y cuido mi salud. Estoy abierto a conocer nuevas personas y a intentar una relación con alguien. Pero esta vez con los ojos abiertos y sin espejismos.

—Vi a Delia hace unos días y la noto demacrada, subió mucho de peso y se la pasa con sus amigas jugando cartas y bebiendo cerveza los fines de semana —le comenté a Federico una noche que salimos a tomar un trago.

—Siempre ha estado pasada de peso, y siempre ha jugado cartas, y siempre ha tomado cerveza, Juan —respondió y le dio un sorbo a su vodka.

Y sí, mi ex mujer siempre ha sido ella, pero el que ya no es el mismo soy yo. Tocar la realidad —salirme de ese espejismo— no ha sido fácil ni cómodo, pero ha valido la pena. Porque vale la pena ser uno mismo, y porque con los ojos abiertos y los pies en la tierra se disfruta más el trayecto llamado vida. Soy honesto cuando digo que, así como yo soy mejor después de mi ex mujer, me gustaría que ella también lograra ser mejor persona después de mí. Pero cada uno vive su proceso y escribe su propia historia. Tal vez para ella también yo fui tan sólo un espejismo.

EN BANDEJA

*Donde rompen los amantes para siempre
queda el monumento de su despedida.*

*Lo volverán a ver intacto y marmóreo
cuantas veces pasen por este sitio.*
RAMÓN GÓMEZ DE LA SERNA

reinta y siete años, un marido traba-
jador, dos hijos adolescentes y una
casa con jardín y perro. ¿Qué más
podía pedirle a la vida? Creía que
nada. Parecía que la estabilidad era
el terreno sobre el que caminaba
cuando te vi en el despacho de Víctor, mi hermano. Entonces ocurrió el sismo.

Nos presentó mi hermano y su mano estrechó la mía.
¿Quién iba a pensar que después estrecharía su cuerpo al
mío? Lo que ocurre de manera inesperada nos agarra mal
parados y no sabe uno de dónde agarrarse. La plática fue

informal para mí, pero Manuel no perdió detalle alguno de lo que dije.

—Soy Carolina, la hermana mayor de Víctor, mucho gusto.

—Tengo poco de conocer a tu hermano, pero me cae muy bien, veo que traen la simpatía de familia —sonrió.

—Qué amable, no sólo la simpatía, modestia aparte, también compartimos el gusto por correr, de hecho, vine a traerle su camiseta para el medio maratón en el que nos inscribimos.

—¿En serio? ¡Wow!, también a mí me gusta correr; aunque no participo en maratones sí lo hago para mantenerme en forma.

—Yo también, salgo a correr todas las mañanas al parque Metropolitano.

Y no habían pasado ni tres días, cuando coincidí con él en ese parque. Y comencé a encontrármelo ahí en el Metropolitano, en el supermercado cercano a mi casa y también en la oficina de mi hermano. Obviamente esos encuentros eran planeados por Manuel... y yo los disfrutaba.

Se metió en mi vida por la puerta de la charla, de la conversación ingeniosa, de las carcajadas imprevistas. Por la puerta del que escucha y pone atención. Entonces me di cuenta de que había huecos en mi vida, que mi esposo ya no me escuchaba como antes, que mis hijos se hallaban ocupados ejerciendo sus vidas y que yo estaba enamorándome como una idiota.

Manuel tenía veintisiete años, diez menos que yo.

Trabajaba en una agencia automotriz de la ciudad y le había vendido un vehículo a mi hermano, por eso se conocieron. El juego que inició entre nosotros pasó por varias etapas. La primera de coqueteo y largas charlas. En la segunda comencé a huir, a evitarlo, dejé de ir a correr al parque Metropolitano y de responder a sus llamadas. Mi conciencia estaba en un dilema; por un lado, mi esposo, mis hijos, mi estabilidad puesta en riesgo; por el otro, las ganas de sentirme deseada, de comérmelo a besos. Una lucha interior que consumía mis noches y mis días, y que terminó arrojándome en los brazos de Manuel para dar paso a la tercera etapa, en la cual viví un maravilloso e inolvidable romance.

Me invitó a un evento en la ciudad de Aguascalientes, era el lanzamiento de un nuevo modelo de automóvil y habría un coctel para clientes potenciales. Me dijo que iríamos y regresaríamos el mismo día, la cercanía de León con Aguascalientes nos lo permitía. Acepté. Inventé un congreso de corredores, un encuentro donde hablarían de preparación técnica y consejos para correr maratones, de hidratación y estiramientos. Como mi esposo no corría ni para salvar su pellejo, no me puso atención y sólo preguntó que si quería que un chofer me llevara. Le respondí una de tantas mentiras que inventé durante todo el tiempo que duró mi relación con Manuel: que un amigo de mi entrenador nos llevaría y que regresaría por la noche. No sospechó nada. Mis años de lealtad a prueba de fuego y mi modo de vida tan rutinario y equilibrado fueron el respaldo perfecto para sostener mi romance clandestino.

Lo acompañé esa noche al evento, me sentí traviesa y emocionada. Manuel destrozó mi cordura y me hizo sentir como adolescente enamorada. Hicimos acto de presencia en el lugar, para cumplir, pero tan pronto pudimos nos salimos y nos fuimos a un hotel. Ahí sus caricias provocaron que olvidara mi nombre, mi edad, mis valores, mis principios, mi moral, los consejos de mi madre y la rutina de mi matrimonio. Y eso dio paso a una época de mi vida en la que ante todos era la señora de Pérez y en lo clandestino era la novia de Manuel.

Una época en la que Manuel y yo corrimos por el parque tres veces por semana, en que salimos en bicicleta los jueves por las mañanas, en la que hicimos el amor en habitaciones de algún hotel de carretera, lejos de la ciudad. De esa ciudad en la que transcurrían nuestras verdaderas vidas, para hacer que sucedieran, entre cuatro paredes, momentos inolvidables para los dos.

Sin embargo, siempre conservé un pie sobre la tierra, y mis hijos eran el ancla que me encallaba en el muelle de mi cordura. Por eso acepté que Manuel tuviera novia, que siguiera su vida normal, paralela a lo nuestro. Porque en el fondo sabía que no tenía ningún derecho sobre él. Que el amor que le profesaba no podía ser injusto y no podía pedirle que me esperara el tiempo suficiente para reunir el valor de solicitarle el divorcio a mi marido. Dentro de mí moraba la certeza de que eso no sucedería. Porque él era más joven, porque me daba miedo envejecer antes que él, porque a pesar de tanto amor y entrega una parte de mí seguía lúcida y le pertenecía a mi familia. Porque, a pesar de ser tan feliz, no pretendía en lo absoluto trasladarme al plano de esposa de Manuel. Me gustaba más ser su novia, su amante.

Fuimos tan cuidadosos, que ni sus novias —porque tuvo dos mientras salió conmigo— ni mi esposo se dieron cuenta de lo nuestro. Fuimos tan cautelosos, que nuestro romance duró ocho años. Sí, ocho años. Ocho años de risas, sexo, adrenalina, caricias, compañía y largas conversaciones. Todo se terminó cuando sentí a Manuel enamorado de María, e intuí sus intenciones de casarse con ella. La sospecha de una mujer madura es sospecha segura. Así sucedió y yo ya no quise ser un estorbo. Creo que lo que me motivó a terminar esa relación fue precisamente el amor que le profesé. No pude ser injusta y le dije:

—Manuel, tú debes vivir ya tu época de plenitud. Formar tu familia, gozar la vida al lado de tu esposa y lograr tus metas. Yo seguiré donde estoy, ahí pertenezco y ahí me quedo. Sigue tu camino, y gracias por tanto.

Lloró como niño y me hizo el amor por última vez esa tarde. Esa tarde que me resultó eterna, porque cuando uno sufre el tiempo es insidioso. En esa eterna tarde aprendí que nada es eterno.

Dos meses después vi su fotografía en el periódico. Ahí estaba con su traje de novio, con una flor blanca en la solapa y al lado de la joven María. Lancé una cruz sobre la imagen bendiciendo su unión y deseando para ellos toda la felicidad del mundo.

Yo seguí en mi vida, corriendo por las mañanas y suspirando por las noches. Mis hijos creciendo y mi marido y yo acumulando años, vacaciones en la playa, en el bosque y la montaña. Subiendo fotografías a mis redes sociales de la familia perfecta. Demostrando al mundo y a mí misma que vale la pena el amor hacia los hijos, tener un compañero de vida y escondiendo en mis entrañas mi secreto. Ahí donde sólo la propia conciencia te clava la aguja de vez en cuando y la felicidad que viviste te reafirma que valió la pena.

León creció tanto que no me permitió coincidir con Manuel en muchos años. O tal vez no fue el crecimiento de la ciudad, sino el universo que sabe cuándo unir y cuándo separar las almas, que conspira y avienta los dados para que la suerte se aleje o se acerque según las historias que ya están escritas.

Durante muchos años ni en el supermercado, ni en el parque, ni en ningún lugar me lo topé. Vivíamos en la misma ciudad, pero ya en frecuencias distintas. Sin embargo, tengo la certeza de que existe un lazo invisible que por siempre unirá a dos personas que se amaron y que fueron tan felices juntos. Y así como el universo separa, el universo vuelve a unir.

Festival Cervantino. Miles de personas caminando por el centro de la ciudad de Guanajuato. Lunas de octubre y doce años después del adiós. Ahí estaba, y entre miles de seres humanos nos pudimos distinguir uno al otro. Nuestras miradas se engancharon y ambos caminamos en dirección del otro y nos fundimos en un abrazo.

Detrás de mí, y sorprendidas, me seguían dos amigas con las que había asistido al festival. Detrás de él, curiosa, iba su esposa, y más atrás sus dos hijos.

Cuando terminó el abrazo, recordamos que estábamos acompañados.

—María, te presento a Carolina, una amiga de hace muchos años —dijo, y yo saludé de mano a su esposa. Después también me presentó a sus hijos.

A mis amigas les dije que era un amigo de mi hermano que tenía muchos años de no ver. No di más explicaciones.

Después de hablar banalidades sobre nuestras vidas —me preguntó por mi esposo y por mis hijos, por mi afición a correr— nos despedimos con otro abrazo.

En ese abrazo de despedida susurró en mi oído:

—Eres el amor de mi vida, nunca te he olvidado.

Y tomamos cada uno su rumbo de nuevo. Él hacia el Teatro Juárez y yo hacia la Plaza de la Paz. Guanajuato y sus calles adoquinadas y esos miles de transeúntes fueron testigos de ese encuentro bajo una poderosa luna de octubre.

A los tres días encontré una solicitud de amistad en mi Facebook. Manuel Montero quería ser mi amigo en esa red social. Lo acepté, como quien acepta ponerle una nueva ventana a su casa. Una ventana por la cual asomarme de vez en cuando para ver lo que sucede del otro lado del muro. Y empezaron a llegar los mensajes.

No he dejado de pensar en ti, Carolina. Y no he dejado de hacerlo nunca. No creas que empecé a recordarte desde que te volví a ver. No. He pensado en ti desde el último día en que te vi. No he podido olvidarte.

Lo dejé en visto, no respondí nada.

Hoy tuve un problema en el trabajo, estoy en el ramo automotriz aún, pero ahora soy gerente de una sucursal al sur de la ciudad. Tú vives muy lejos de aquí, pero cuando puedas darte una vuelta me haría muy feliz verte de nuevo. Te decía: tuve un problema y no sabes cómo me hubiera gustado platicarlo contigo y escuchar tu consejo. Tú siempre me diste muy buenos consejos. No los olvido.

Visto. No respondí nada de nuevo.

Sé que eres una mujer casada, que yo soy un hombre casado, que nuestras vidas ya son otras, pero, Carolina, te siento siempre a mi lado, te pienso a menudo y sólo el destino sabe por qué lo nuestro fue como fue. Sé que debes tener tus razones para no responder a mis mensajes y las respeto, pero yo no puedo dejar de compartir mi vida contigo, aunque sea por este medio. No me importa si no me respondes, me conformo con saber que estás del otro lado leyendo lo que escribo. Buenas noches, mi amor; te extraño.

Visto.

Mis ojos leyendo y mis dedos sin deseo de escribir respuesta alguna. ¿Por qué?, porque así lo he decidido. Ese lazo aquí está y permanece entre nosotros, pero no quiero que nos enrede.

Prefiero dejarlo así. El lugar de Manuel está ahí, en mi bandeja de mensajes vistos y no respondidos. Al principio llegaban a diario; ahora llegan una o dos veces por semana, pero siguen llegando. Han transcurrido seis años de aquel encuentro en Guanajuato. Nunca lo he vuelto a ver, pero lo leo en mi bandeja. Me preparo un café, enciendo mi computadora y abro mi Facebook. Leo los mensajes nuevos y releo los viejos. Leo una y otra vez lo que Manuel me comparte, lo que siente, sus problemas y sus dichas. Luego cierro mi bandeja de mensajes y continúo con mi vida.

No sé si un día se cansará de escribir mensajes que terminan siempre en un *visto* y sin respuesta. No sé si un día se le esfumarán las ganas de seguirme escribiendo. Hay amores que tienen fecha de inicio y de caducidad. Otros son para siempre. Hay unos que terminan en tragedias, otros en el altar, y el nuestro terminó en un visto. Pero lo sigo leyendo. Porque tal vez Manuel eligió esta manera para acariciarme en la distancia. Es su modo de hacerme sentir que no fue mentira el amor que me tuvo. Que sí existió y que no sólo fue pasajero. Quizás es su forma de expresarme que lo que una vez nos unió verdaderamente es eterno. Imposible, pero eterno. No lo sé. El día menos pensado dejarán de llegar sus mensajes o, en un ataque de cordura, yo los borraré todos y lo bloquearé de mis redes para siempre. Mientras una cosa o la otra suceden, los leo, y me hace feliz saber que hay un hombre que piensa en mí cada uno de sus días, que soy su pensamiento recurrente y, como él mismo lo dice, la protagonista favorita de sus sueños.

Hay amores que se fueron de nuestra realidad; sin embargo, permanecen a lo largo de los años en una dimensión paralela a nuestras vidas. Esos que ya no están, que ya son parte de nuestro pasado, pero que un lazo de amor casi imperceptible los mantiene atados a nuestro presente de maneras inverosímiles o traviesas. Ésta es mi historia, una historia de amor clandestino que ya se fue, que se transformó en recuerdo, de un amor que prefiero conservar en mi bandeja de mensajes, pero ya no en mi vida.

No me importa que no me respondas, con que veas lo que te escribo me conformo. ¿Sabes por qué? Porque sé que no puedo regresar a tu vida como antes, porque no voy a hacer jamás algo que te haga daño, porque sólo quiero que sepas que siempre estaré aquí para darte las gracias por enseñarme a amar y porque nunca te he olvidado. Sí has visto mis mensajes, y eso me hace feliz. ¿Sabes por qué, Carolina? Porque siempre serás el amor de mi vida.

Manuel es y será mi más apreciado secreto, será ese amor que me atreví a vivir y que me hizo bien durante una etapa de mi existencia. Pero ya no. No se arriesga la vida dos veces y menos con todo en contra. Los dos hemos cambiado, ya no somos los mismos. Lo único que nos une es el recuerdo. Por eso lo dejo en visto. Prefiero atesorar un buen recuerdo en mi pasado, que apostar y perder en mi presente. Porque hay amores que son para siempre y otros para quedarse en visto.

MALA IDEA

*El amor es un crimen
que no puede realizarse sin cómplice.*
CHARLES BAUDELAIRE

ita un dicho popular y prosaico que repetimos entre hombres, entre cuates cuando estamos hablando de las mujeres: "Tener una amiga buena es como tener una gallina de mascota: tarde o temprano vas a querer comértela". Escuchaba esa frase y pensaba en todas mis amigas, menos en Hortensia, mi mejor amiga, porque nos conocíamos desde niños, habíamos crecido en el mismo barrio y la vi convertirse en mujer sin poner mucha atención en sus encantos. Le contaba mis secretos y mis aventuras sin más pretensión que la de ser amigos y cómplices, porque eso era ella para mí.

49

Durante nuestra infancia estábamos acostumbrados a jugar básquetbol con un grupo de amigos de la escuela, y asistimos al mismo colegio hasta secundaria. En el bachillerato ella continuó en la misma escuela y yo me fui a otra. Eso nos hizo vernos con menos frecuencia, pero seguíamos en comunicación con textos, mensajes de Facebook, y estábamos al tanto de nuestras vidas por nuestras redes sociales. Hortensia fue la primera en enterarse cuando me enamoré por vez primera. Le invité una cerveza y platiqué toda mi hazaña amorosa. Con mi amiga me sentía aceptado, podía ser yo mismo, hablar de todo y sin reservas. Ella también abría su corazón y me confiaba sus andanzas amorosas, sus metas, sus travesuras, sus sueños. Aunque dejáramos de vernos por meses cuando nos encontrábamos de nuevo parecía que nunca habíamos estado distantes, que había pasado un par de horas sin vernos. La confianza era absoluta. Nuestras familias se conocían y también se frecuentaban. Cuando terminamos la preparatoria ella se fue de Pachuca —de donde somos originarios— y se estableció en Puebla para estudiar gastronomía. Yo me fui a estudiar medicina a San Luis Potosí. Desde que éramos niños ambos externamos nuestros deseos de estudiar fuera de nuestra ciudad y pudimos hacerlo.

Entonces, comenzamos a visitarnos. Ella fue un par de veces a verme a San Luis Potosí antes de que yo pudiera ir a Puebla a visitarla. Se hospedó en mi departamento de estudiante, un espacio de cuatro por cuatro —que por cierto me puse a ordenar cuando supe que Hortensia llegaría—

y esperaba ahí leyendo o escuchando música mientras yo salía de mis actividades. Luego nos íbamos de antro o a cenar. Le dejé mi cama y yo dormí en el piso. Dos amigos, sin más intención que la de disfrutarse uno al otro. Compartiendo un espacio mínimo con el pudor necesario para mantener sólida la amistad entre un hombre y una mujer. A mí a veces se me olvidaba que era mujer. Es curioso lo que voy a decir: Hortensia para mí era un ser asexuado, jamás me pasaron por la mente pensamientos lujuriosos con ella. Era mi mejor amiga.

Fui a Puebla a visitarla, me había preparado un *tour* por la ciudad. Reímos, cantamos, caminamos, cenamos y terminamos en un bar en el que tocaban música en vivo. La pasamos increíble, como siempre, y cuando llegamos a mi hotel —porque ella compartía departamento con dos compañeras de la universidad— sugirió repentinamente:

—¿Y si me quedo aquí contigo, Armando?

Le contesté que sí, porque no sería la primera vez que compartiéramos habitación, que pediría una cama supletoria en la recepción del hotel. Y esa noche emergió de mí un demonio que no conocía. Porque he llegado a la conclusión de que en el interior de todos los seres humanos habitan demonios que ni sabemos que están ahí. Están dormidos y despiertan el día menos pensado. Te agarran desprevenido y te empujan a precipicios. A veces no logras abrir tus alas a tiempo y te estrellas en el fondo.

Hortensia no llevaba pijama, me pidió una camiseta y entró al baño. Salió con su cabello suelto —casi siempre lo llevaba recogido en una coleta—, con mi camiseta puesta, con sus largas y torneadas piernas al desnudo, y se dejó caer sobre la cama.

—Estoy borracha —dijo.

—No te preocupes, mañana te llevo a curarte la resaca.

Se tendió cual larga era sobre las sábanas, sin cubrirse, dejando ante mis ojos toda la desnudez que la precaria prenda permitía ver. Me acosté sobre la cama supletoria. Apagué la luz, pero la luna tramposa dejó caer sus rayos sobre su silueta. Entonces, por mi mente se paseó una muy mala idea. Algo que jamás había pasado por mi cabeza. Y no la reprimí. Ahí deambuló todo el tiempo que estuve despierto, por mi mente, por mis deseos, por mis ganas. Me quedé dormido soñando con Hortensia, mi mejor amiga.

Esa mala idea me acompañó de regreso a Puebla, y cuando una idea comienza a echar raíces en la mente puede llegar hasta el corazón. Comencé a pensar en Hortensia de manera distinta. A enviarle mensajes con más frecuencia. A estar *stalkeando* sus redes sociales. A sentir celos al verla junto a otros hombres en fotografías. A sentirme incómodo cuando me llamaba para platicarme de sus pretendientes.

Dejé de ver a Hortensia como amiga, comencé a observarla como mujer. Y el animal se apoderó de mi cuerpo. Mis instintos de mi cordura. Y comencé a acecharla como un hombre acecha a una mujer que le gusta.

Un mes después decidí repetir mi visita y llegué a Puebla, me hospedé en el mismo hotel y la llamé. Hortensia se sorprendió mucho porque habíamos hablado por teléfono tres días antes y no le comenté mis intenciones de viaje. Pero ya estaba ahí decidido a pasar el fin de semana con ella y mis demonios revoloteando alrededor de mi cordura.

Quedamos de vernos en un restaurante por la tarde, ella tuvo que terminar sus pendientes antes de encontrarse conmigo. Se me hizo eterna la espera. Cuando la vi entrar una valentía desconocida me invadió, me puse de pie y la abracé con tanta fuerza que ella se asustó.

—¿Qué te pasa, Armando? ¿Tienes algún problema?

—Moría de ganas de verte, no pude evitar venir, disculpa si te complico tu día.

—Para nada, todo bien, pero me asustas.

Y la asusté, pero la enamoré.

Pasamos una agradable velada, caminamos por la ciudad y después fuimos a tomar una cerveza a una de las terrazas del centro de ésta. Ahí, bajo la misma luz de la luna que iluminó su cuerpo el día en que despertaron mis demonios, le dije:

—Hortensia, te has puesto muy guapa, nos conocemos desde siempre, creo que podemos ser más que amigos, ¿por qué no lo intentamos?

No dijo que sí, pero tampoco que no. Se quedó en silencio y le dio un sorbo a su bebida, pensativa y mirando la gente pasar.

Entonces acercó su cara a la mía y me dio un beso apasionado.

—Creo que puede funcionar. Me gusta cómo besas.

Y ahí valió madre todo.

Nos salimos de la *friend zone*. Entramos en la cama e hicimos el amor. Ya sin pudor, ya sin recato. Dos personas despojadas del manto de la amistad, enredados con el cordón del amor. A la mañana siguiente no hubo resaca emocional ni remordimiento. Volvimos a tener sexo y nos empezamos a comportar como dos enamorados. Dejó de decirme Armando y comenzó a llamarme "amor". Ella pasó de ser Hortensia a ser "mi reina".

Regresé a San Luis, brioso y echado para adelante. Orgulloso de haber cumplido mi propósito. Seguro de que Hortensia y yo formaríamos la pareja perfecta. Nos conocíamos a la perfección uno al otro. Éramos confidentes desde niños y nuestras familias también apoyarían la relación. Nos manteníamos en contacto todo el día por medio de mensajes o llamadas telefónicas. Nos visitamos con más frecuencia. Entonces llegaron las vacaciones decembrinas y los dos regresamos a Pachuca a pasar las fiestas con nuestras familias. Nos veíamos todo el día, íbamos juntos a hacer deporte, a comer, a casa de sus padres, con los míos. Todos felices con la nueva pareja. Nosotros en primer lugar. Era como comenzar a ponerte unos zapatos nuevos que parecen viejos. Zapatos que ya conocen tus pisadas y que están amoldados a tus pies. Sin embargo, el cambio de amigos a novios tuvo sus consecuencias. Como ya era mi mujer y no mi amiga, empecé a ponerme celoso de lo que antes me gustaba de ella. Por citar algo, ella siempre tuvo muchos amigos y ahora me molestaba.

—Pero si cuando tuve otros novios siempre me decías que no tenía nada de malo que saliera a tomar un café contigo porque éramos amigos —me echaba en cara Hortensia.

—Sí, pero no es igual —respondí tratando de justificar de algún modo mi conducta.

—¡Es lo mismo! Tengo amigos y puedo salir con ellos, como tú con tus amigas. Nada ha cambiado.

Eso no era cierto, habían cambiado las reglas del juego. Esas reglas que impuso el macho que llevo dentro y que ella no conocía.

Hortensia era extrovertida, juguetona, divertida, amiguera. Por eso fue mi mejor amiga tanto tiempo. Podía reír con ella de estupideces cotidianas, contarle mis más oscuros secretos, como cuando le robé un billete de quinientos pesos a mi papá, o cuando le confesé que empecé a masturbarme viendo revistas pornográficas. Pero ahora era mi novia y por alguna maldita razón ya no podía ser el mismo con ella.

Debo admitir que Hortensia siguió siendo auténtica, ella misma. Yo fui el que cambió. Me volví posesivo, inseguro. Pasé de ser el amigo comprensivo al novio asfixiante. Quería saber en dónde estaba y qué hacía a toda hora. Y no lo preguntaba como quien se interesa por el día de la otra persona, sino como un capataz vigilando subalternos. Un vigía de sus movimientos, imprudente y obsesivo. Hortensia comenzó a marcar su límite. Dejó de responder mis mensajes durante el día, de contestar mis llamadas. Llevábamos nueve meses de novios cuando la fui a ver a Puebla para hablar de frente sobre lo que estaba pasando.

—Esto no está funcionando, Armando, lo siento.

—¿Qué quieres decir con eso, Hortensia? ¡Somos el uno para el otro!

Me resistí a aceptar sus palabras de ruptura.

—Como amigos somos los mejores, pero como novios somos un fracaso —externó con rudeza.

No me quedó otra opción que admitir lo evidente, pedí disculpas por mi manera de ser con ella como pareja y regresé a San Luis con un dolor en el pecho. Dijimos que seguiríamos siendo amigos, pero no fue cierto.

Hortensia se alejó de mí. Me evitaba. Respondía uno de cada diez mensajes míos, y cuando visitaba Pachuca me sacaba la vuelta.

Mala idea la que se me ocurrió. Nunca debí posar mis ojos de amante en el cuerpo de mi mejor amiga. Pero así son los demonios que rondan el interior de los seres humanos: te ponen trampas y caes. Piensas que es una buena idea, la llevas a cabo, para luego toparte con la realidad. Te miras al espejo y no puedes creer que hayas hecho semejante estupidez; te observas las manos y están vacías.

Perdí a la novia y perdí a la amiga. Pasó el tiempo y los dos fingimos que nada había sucedido. Nos encontramos varias veces en casa de amigos o en la calle y nos saludamos, intercambiamos palabras y nos dimos el obligado abrazo. Pero ya nada fue profundo, todo superficial. La confianza se había esfumado entre las sábanas que compartimos.

Hasta el día de hoy extraño a Hortensia, mi amiga, y veo en sus redes sociales lo hermosa que está, lo bien que le va en la vida. Me da mucho gusto. Se graduó y se fue a practicar con un chef a un pueblito de Francia, luego regresó a México y puso su propio restaurante en Cancún. ¡Cómo me hubiera gustado invitarle un trago para festejar cada uno de sus triunfos y juntos compartir su dicha! Me hubiera encantado que me hablara de Joel, su esposo, de cómo lo conoció y de la noche en que recibió el anillo de compromiso. Me hubiera gustado decirle que por fin me decidí por la especialidad en traumatología, que la cirugía es lo mío y que me enamoré de Catalina —mi esposa— durante un crucero por el mar Mediterráneo. Nuestra amistad soportó nuestra infancia, nuestra adolescencia, el paso de los años, pero no resistió el noviazgo. Mala idea la mía enamorarme de mi mejor amiga. Tal vez debí ser diferente y respaldar en nuestra amistad nuestro amor, porque con el tiempo he comprendido que dos que se aman tienen también que ser buenos amigos.

Aprender lecciones a través de los errores es algo muy humano. Sin embargo, a veces esas lecciones cuestan caras, a mí me costó perder a mi mejor amiga. Tengo amigas, pero jamás he llegado a sentir una amistad tan entera y profunda como la que tuve con Hortensia. Siempre la recuerdo con una sonrisa en el rostro. Lo que dejó en mi persona son hermosos instantes dispersos por mi memoria. Con eso me quedo, y cada vez que su rostro aparece en mi mente, mis pensamientos son de gratitud, de cariño, y con buenos deseos para ella y para sus seres queridos. Asesiné nuestra amistad y mi cómplice de ese crimen fueron mis oscuros demonios, esos que alimentaron con deseo y lujuria la maldita idea de poseer como mujer a quien debí conservar como mi mejor amiga. Así se pierden los tesoros de la vida, se nos escurren de las manos para quedar enterrados en nuestro pasado, bajo la lápida de la conciencia, que es pesada. Y aún me oprime a pesar de los años. Todavía duele ese error. A una amiga que valoras no se le hace eso. Los dos vivimos la experiencia, y me consuelo pensando que ella también me evoca, que en su corazón quedó un pedazo disponible para mi recuerdo, y que cuando se acuerda de nosotros también sonríe.

Por eso hoy les digo a mis amigos que tener una buena amiga no es como tener una gallina de mascota, sino tener la oportunidad de compartir la vida con una persona del sexo opuesto que ilumina nuestro pensamiento varonil con sus colores femeninos, que es vivir la experiencia de ser hombre ante una mujer sin que esté el sexo de por medio. Es la enriquecedora experiencia de demostrar que la amistad entre hombres y mujeres sí existe. Algunos se burlan de mí porque viven bajo el precepto de que, si tienen una amiga que a veces les conceda el derecho de la intimidad, es divertido y no pasa nada. Desde mi punto de vista, si eso llega a pasar es que realmente no existe una amistad verdadera. Lo que hay es un intento de amistad que esconde intenciones, o con inconscientes deseos, de uno o de ambos. Pero para comprender esto tuve que vivirlo con todo y sus consecuencias. Así pienso, pero yo no soy gurú para convencer a otros de que piensen igual. Que cada quien ponga atención a sus ideas. Como mascota prefiero tener un perro y a Hortensia como la mejor amiga que he tenido y que se quedó a morar en mis recuerdos.

ESAS VOCES

Es mejor ser infeliz solo, que infeliz con alguien.
MARILYN MONROE

s muy complicado caminar por la vida escuchando voces. Voces en la cabeza que hacen que uno sienta padecer un extraño tipo de esquizofrenia. Extraño, pero común. Después de vivir mi experiencia con Martín, me di cuenta de que esas voces no solamente las escuchaba yo. Que esas voces taladran el cerebro de miles de personas, pero que al igual que yo, fingen no escucharlas. O que, como yo, fluyen y creen que es normal seguirlas escuchando. Y lo peor: haciéndoles caso.

"El matrimonio es para toda la vida"; "una mujer buena sabe cargar con dignidad su cruz"; "todos los esposos tienen defectos, así que resiste, es parte de la vida en pareja"; "calladita te ves más bonita"; "ningún matrimonio es perfecto"; "si una esposa no sirve para mantener una familia unida, no sirve como esposa"; y muchas otras frases que esas voces me susurraban desde mis ancestros. Porque las escucharon mi bisabuela, mi abuela, y mi madre esperaba que yo las siguiera escuchando y que incluso las transmitiera a mis hijas. Porque esas voces son "sabias" y por algo se transmiten de una generación a otra.

Pero yo comencé a escuchar otras, que me susurraban otro canto.

Conocí a Adalberto en la graduación de Guillermo, mi hermano mayor. Adalberto había terminado de estudiar la carrera de derecho dos años antes y tenían amigos en común. Además, Adalberto era hijo de un reconocido abogado de Jalisco. Mis padres se sintieron halagados cuando se percataron del interés que demostró hacia mí.

—Es un gran partido, Elena —dijo mi madre esa noche—. Es hijo de una familia decente, adinerada, y tiene fama de haber salido al padre, exitoso en su carrera, hija, así que ponle la atención debida.

Debo confesar que, desde niña, de alguna manera, me programaron para seguir el camino de esas voces. Las voces de lo que se *debe hacer*. Y también he de aceptar que Adalberto me atrajo. Su manera tan segura de hablar, su mirada atrevida y sus manos grandes. Me invitó a bailar y cuando inhalé la fragancia de su cuello caí rendida. Después sucedió lo usual: intercambio de teléfonos y luego me invitó a salir. Salimos a cenar, al teatro, a reuniones de amigos en común. Lo invité a mi casa y se formalizó el noviazgo. Dos años más adelante nos casamos. Durante el noviazgo y durante el matrimonio me sentí como la afortunada de la relación. Un marido exitoso y guapo, una casa de dos pisos con un jardín grande en una zona lujosa de Guadalajara, y dos hermosas hijas gemelas de ojos verdes y profundos como los de su padre. Esas voces me decían que era afortunada, que había conseguido lo que toda mujer desea para su vida. Y yo fluía, me dejaba llevar por el quehacer cotidiano de mi papel de esposa y de madre, disfrutando esa fortuna que el destino puso a mis pies.

Pero mi realidad interior era otra. Las nuevas voces me susurraban: *Elena, no eres feliz, te sientes sola, a Martín no le importa qué música te agrada, no le interesa saber si anhelas estudiar o emprender un negocio propio, no reconoce tus habilidades como persona, sólo se interesa en que su hogar esté impecable y sus hijos bien educados (bajo sus normas), pero no le importa si te cortas el cabello o si bajaste de peso.*

Yo no era feliz. Me conformaba con esa felicidad que provocan las sonrisas de los hijos, con esa felicidad que ocasiona el refrigerador repleto y el clóset lleno de ropa. Me conformaba con subir a mis redes sociales fotografías de viajes en el extranjero, en donde Martín pasaba su brazo detrás de mi hombro, en donde mis hijos y yo sonreíamos para todos nuestros conocidos como una familia ejemplar. Me conformaba con saber que estaba protegida económicamente y que mis hijos podían asistir a buenos colegios.

Con esa felicidad efímera que se esfuma cuando los hijos dejan de sonreír, crecen, y se enfrascan en sus propios mundos. Con esa felicidad fugaz que se aleja cuando se terminan las vacaciones y uno se vuelve a encontrar de frente en esa alcoba decorada con lujos, para tener sexo insípido y sin orgasmo.

Despertaba cada mañana a seguir funcionando como la esposa perfecta, como la mujer que Martín necesitaba a su lado. Programada para ser la versión que él deseaba de mí, para sostener nuestro "matrimonio perfecto" y para ser considerada por la sociedad como "buena hija de Dios".

Las otras voces, las que susurraban que no merecía eso, que yo era más que eso, que tenía derecho a otro tipo de felicidad, sucumbían ante mis miedos. Esos que se convirtieron en los aliados de mi depresión. Porque caí en una depresión muy fuerte que Martín consideró "sin cuidado", me puso psiquiatra y pastillas a mi disposición y además encontró en mi depresión una justificación para tratarme todavía peor.

—Estás convirtiéndote en una mujer inestable, y eso no me gusta —dijo mientras leía su iPad.

"Me estoy convirtiendo en tu sombra, me estoy quedando vacía, y no te das cuenta", pensé en silencio.

No dije nada. Miedos, silencio, depresión. Maquillaje y vestidos de diseñador para salir impecable en la fotografía del periódico. Pastillas, maquillaje, psiquiatra, y ropa cara. Sonrisas en mi rostro y lágrimas en mi corazón.

Las nuevas voces me susurraban que debía ponerme de pie y gritar. Y entonces apareció un correo electrónico en mi bandeja:

Asunto: Martín Balderas tiene otra mujer.

Remitente desconocido, sin firma. Un correo electrónico anónimo. No hice nada. Me quedé petrificada ante ese mensaje que no compartí con nadie. Las voces añejas en mi cabeza me decían: *Así son los hombres, a todos se les pasa, de vez en cuando tienen una aventura, pero son capillitas, tú eres la catedral, no le dejes el camino abierto a ninguna otra, tú eres la esposa.* Y me quedé callada. Pero cuatro días después llegó otro *email* del mismo remitente en el cual escribieron un domicilio y un horario en los que —supuestamente— mi marido y otra mujer tenían sus encuentros. Otra vez no hice nada. Las voces seguían repitiendo a mi oído que una esposa buena no cae en esas provocaciones de anónimos, que no debe alterar a su marido, que debe permanecer en su casa con su dignidad intacta y al lado de sus hijos, sosteniendo su hogar, su familia, su cruz.

Entonces caí en una depresión más profunda y en una crisis severa desde la que eché en cara a Martín lo de los anónimos.

—Estás loca.

Y me llevó a terapia.

Por fortuna, la psicoterapeuta, a la segunda sesión, lo mandó llamar a él y explicó que esto era un problema de pareja, por lo tanto, la terapia sería de pareja. A regañadientes acepté y pasamos un año y medio asistiendo una vez por semana. Él nunca modificó su comportamiento. Pero yo sí.

La terapia fue dando fuerza a las nuevas voces que escuchaba, esas que provenían de mi dignidad, de lo más profundo de mi ser. Y bendigo ese hecho, el haberme comenzado a escuchar a mí misma, porque de no ser así no hubiera resistido lo que sucedió.

—Ya no sé lo que siento por ti —dijo una noche—; necesito mi espacio y me iré de la casa por un tiempo.

Las voces de antaño susurraron: *No es posible, no dejes poner un pie fuera de tu casa a tu marido, qué van a pensar los demás, qué dirán tus padres, qué dirán tus hijos, no lo dejes irse.*

Pero las nuevas voces me dijeron: *Es la oportunidad que estabas esperando para estar contigo, para comprobar sospechas, para meter claridad a tu conciencia.*

Sentí mucho miedo, pero lo dejé ir, lo solté.

—Si no son felices juntos es mejor que se separen, mamá —expresó Cecilia, una de nuestras gemelas.

Me quedé sorprendida de la capacidad que poseen los hijos de ver a sus padres como dos seres humanos que tienen aciertos y errores.

—Es peor seguir juntos si ya no se aman, mamá; eso sí es feo —dijo Paty, mi otra hija.

A sus catorce años tenían claro que sus padres no eran felices juntos, que ya no daban lo mejor de cada uno por seguir aferrados a un lazo que se había roto con el paso de los años.

Y ahora tengo el mejor de los ex maridos. Hace siete años que nos divorciamos. Por supuesto que Martín tenía otra mujer, otra casa y otra historia paralela a la nuestra. A los dos años de nuestro divorcio se casó con Daniela, abogada divorciada con un hijo, a quien conoció en un viaje de trabajo. Llevaban dos años juntos antes de que Martín y yo nos separáramos.

Ahora tengo el mejor de los ex maridos porque es buen proveedor; no deja de obsequiarnos viajes y pagar las colegiaturas de las hijas que ya se fueron a la universidad.

Pasé por varias etapas. Las voces en mi cabeza tuvieron un enfrentamiento muy agresivo. Las de antaño decían: *Hazle la vida imposible, quítale más dinero del que te ofrece, que se arrepienta de haberte perdido; una mujer que deja ir a su esposo es una fracasada, no lo dejes ver a sus hijas, tu ego no debe permitir estas cosas.* Las nuevas voces me repetían: *Donde no hay amor ya no hay horizonte, donde no hay confianza ya no hay paz. Estás libre para ser tú misma, tienes derecho a ser feliz, no necesitas a un hombre al lado para sentirte completa; por el bienestar de tus hijas no siembres rencores, ponte a estudiar, aprende cosas nuevas, emprende un negocio, haz un viaje sola, estás por empezar el viaje hacia tu interior.*

Divorciarme jamás estuvo en mis planes. Por el contrario, estaba programada para sostener un matrimonio a costa de mi salud, de mi dignidad y de mi felicidad. Pero el camino hacia el conocimiento de uno mismo es doloroso, y he comprendido que tuve que pasar por el divorcio para llegar a mí. La adversidad es a veces el camino que se tiene que recorrer para conectar con la luz propia.

En la zona de confort se vive cómoda, pero no realizada, confortable pero no feliz. Aparentemente tienes todo, pero no te tienes a ti, mueres lento cada día, tus ojos se opacan y dejan de disfrutar las bendiciones de la vida.

Las nuevas voces me han ayudado a reconstruir mis creencias. Las voces añejas a veces retornan, pero sé que, al escucharlas, regreso al sufrimiento, a la culpa. Y no tengo por qué escuchar lo de siempre si ya mi voz interior es nueva. Es mi propia voz.

Martín es buen ex marido porque no me busca para lastimarme, me busca para proveer, para ver en qué puede ayudar en los asuntos de nuestras hijas. Cecilia y Patricia han abierto sus alas, se han ido a estudiar a Estados Unidos.

Yo compré un departamento en una zona arbolada de Guadalajara, lo he decorado a mi gusto y aprendí a hablar italiano y francés. Soy intérprete para varias empresas de la ciudad. Hago yoga y me mantengo en forma. Me observo en el espejo y me gusta lo que veo. Apoyo mi cabeza sobre la almohada cada noche y sonrío. Las nuevas voces me susurran que no sólo yo fui afortunada al coincidir con Martín, quien era un "buen partido" según los estándares de mis viejas voces, sino que yo también fui un gran partido para él. Una mujer entregada, amorosa, guapa, preparada y con deseos de superación.

He tenido un par de romances que no han cuajado, pero que he disfrutado. Sé que el amor no se busca, llega cuando tiene que aparecer y te atropella con su dicha. Porque si yo me amo a mí misma, en el horizonte estará el amor compartido y tengo fe que así será. Ya aprendí a no ser enemiga del tiempo y dejarlo fluir a su gusto.

Martín resultó ser mejor ex marido que esposo. Y cuando me preguntan por él siempre les digo que estábamos destinados a vivir juntos como marido y mujer para descubrir que no servíamos para eso, que teníamos que recorrer ese trayecto juntos para llegar a comprender lo que realmente nos hacía feliz a cada uno. Que hicimos lo que creímos que era lo correcto: edificar una casa y aparentar ser perfectos uno al lado del otro, pero que despertamos cada quien a su manera de ese letargo y nos dimos cuenta de que nuestros destinos eran compartir la crianza de esas dos maravillosas hijas que procreamos juntos. En eso somos buenos juntos, pero haciéndolo separados.

Tener un buen ex marido también conlleva el ser buena ex esposa. Hoy me hace feliz saber que Martín es feliz. Disfruto sus éxitos porque mis hijas se sienten orgullosas de su padre. Trato de llevar las cosas de manera cordial con su nueva pareja. Soy discreta en mis comentarios ante los demás y, al ser así, de alguna manera me siento orgullosa de mí misma. De haber tenido la fortaleza y el valor de dejar de escuchar esas voces que sólo conducen a la culpa y al resentimiento. Quiero que mis hijas escuchen otras voces. La voz de su espíritu, de sus anhelos, de sus sueños y de su conciencia. Voces que destruyen cadenas, miedos, prejuicios... y que construyen alas.

LO QUE MÁS ME GUSTA DE MI EX ES QUE ES MI EX

Es tan corto el amor
y es tan largo el olvido.
PABLO NERUDA

i padre siempre me decía que el modo en que una persona trata a un mesero revela mucho de su personalidad. Cuando uno es joven no pone atención a esas frases y mucho menos las toma como consejos que pueden ser útiles a futuro. En mi caso debí haber estado atento a esos pequeños detalles, pero el amor me cegó.

Alicia era déspota con los meseros o con las personas de servicio. Lo mismo la llenaba de impaciencia que un despachador de gasolinera se tardara, que un mesero no le pusiera hielo a su bebida. Ambos se llevaban un grito de su parte resaltando su ineptitud. Esos detalles no los consideré importantes; en primer lugar porque estaba enamoradísimo de ella, y en segundo, porque no me había tocado ser el inepto de la historia.

Nos conocimos en la secundaria. Ella con catorce años y yo con quince. Lo nuestro fue un amor puro y cándido en el cual las manos eran los lazos que nos unían mientras caminábamos cada tarde hacia nuestras casas. Era costumbre que yo la dejara en su hogar para después dirigirme al mío. Salíamos con amigos y hacíamos deporte juntos. Un noviazgo sutil y cariñoso que se extendió por nueve años.

Me daba cuenta en la convivencia diaria de que Alicia era caprichosa y que sus padres la tenían muy consentida. Pero ¿cómo no consentir a esa güerita de largos rizos con nariz respingada? Para mí era un angelito que merecía todo lo mejor del mundo y a medida que pasaban los años se convertía en una mujer guapa que durante el bachillerato atraía las miradas al pasar. La familia de Alicia era de clase alta "venida a menos" por un mal manejo en los negocios de su padre, pero a pesar de ese revés se mantuvieron en clase media alta, en comparación con mi familia que desde siempre fuimos clasemedieros a secas. Sin embargo, siempre me visualizaba estudiando en la universidad y luchando por conseguirme un futuro favorable que me permitiera crecer en todos los sentidos y así poder ofrecerle una vida decorosa a mi novia. Esa novia de siempre, la de toda la vida, porque cuando tienes veintitrés años esa es toda la vida.

Fue un noviazgo temprano y con un par de interrupciones cortas. Malos entendidos que hicieron que nos separáramos por un par de meses o semanas. Durante esas separaciones salí con algunas otras chicas para después regresar a rogarle a mi güerita, cada vez más convencido de que ella era el amor de mi vida. Fuimos creciendo uno al lado del otro. Dejamos de ser adolescentes para convertirnos en un par de jóvenes impetuosos llenos de sueños. Fuimos nuestra *primera vez* en muchas cosas. Nuestra primera experiencia sexual, nuestra primera vez que manejamos un auto, nuestra primera vez que tomamos alcohol, nuestra primera vez que fumamos un cigarro, nuestra primera vez en el amor. Para mí no había nada que no me viera haciendo por primera vez con ella.

Sin embargo, el tiempo es implacable y su paso nos va poniendo pruebas que en su momento uno considera insuperables. Así fue como me empecé a sentir los últimos dos años a su lado. Como un tiempo de pruebas rudas que desafiaban mi templanza, mi confianza, mi paciencia y, sobre todo, mi amor.

Todo comenzó cuando entré a la universidad a estudiar ingeniería mecánica. Ella cursó una carrera de administración bilingüe. Sí, dos mundos totalmente distintos. Mientras yo me la pasaba con la cara refundida entre ecuaciones, planos y cálculos diferenciales, a ella se le presentaba la oportunidad de conocer personas de otros países, de hacer cursos intensivos en Estados Unidos, y de asistir a eventos y reuniones empresariales. Los celos empezaron a asfixiarme y sólo sus besos me regresaban el oxígeno que mis inseguridades me robaban. Debo admitir que mis celos dieron lugar a discusiones que se fueron haciendo cada vez más intensas y estaban ya fuera de control. Aparecía un Fernando que ella no reconocía… ni yo tampoco. Me sorprendí acechándola a la salida de la universidad, como perro olfateando los alrededores buscando evidencia de delito. Y obviamente comenzó a sentirse sofocada con mi conducta. Hablábamos del asunto y ella siempre sabía regresarme al equilibrio. Con un beso de Alicia, toda esperanza perdida se recuperaba y me sentía tranquilo. Pero sólo por un tiempo, porque inevitablemente sucedía algo que estaba fuera de mi control, como cuando ella tenía que hacer algún trabajo con compañeros o asistir a alguna cena a la que yo no estaba invitado y las dudas me volvían a estrangular.

Y entonces comenzó la caída libre. Mi hermana mayor, Georgina, muy cercana a mí, se daba cuenta de la montaña rusa emocional en la que yo me hallaba, y en una ocasión me dijo algo que nunca se me va a olvidar:

—Fernando, cuando una persona a la que amas no te da paz, algo no está bien.

Y así era mi historia con Alicia. Lo que antes fue un noviazgo sutil y armonioso, puro y desinteresado, se convirtió en un campo lleno de zozobra. Empecé a estar nervioso y a bajar el rendimiento en mis estudios. En lo más profundo de mi corazón latía una verdad dolorosa: Alicia estaba perdiendo el interés en mí.

Un 15 de octubre a las seis de la tarde, mientras permanecíamos sentados en una cafetería frente al Parque Hundido, pronunció la frase letal:

—Vamos por diferentes caminos, Fernando: yo tengo aspiraciones y voy a lograr mis metas, a ti no te veo futuro. Quiero terminar contigo.

Lloré, rogué, supliqué por una oportunidad más para demostrar mi amor por ella y que yo era el hombre de su vida. Le pedí que no me abandonara, que se quedara a mi lado. Hablé de todos los años que llevábamos juntos y le recordé momentos maravillosos que pasé a su lado. Todo fue en vano, ella ya había tomado su decisión. Con su vestido blanco impregnado de flores color violeta se puso de pie y se alejó. Se llevó con ella mis ilusiones, mis anhelos, mis ganas de seguir adelante. Me dejó ahí, sentado, con mi precario orgullo sosteniéndome en la silla. Ese orgullo que me hizo no correr detrás de ella y arrodillarme ahí, enfrente de todos, para suplicarle que no me abandonara.

"Vamos por diferentes caminos, Fernando: yo tengo aspiraciones y voy a lograr mis metas, a ti no te veo futuro".

Y otra vez el despiadado tiempo, que transcurre lento cuando te estás desangrando y corre veloz cuando te sientes feliz. Ese tiempo que acumula lágrimas y las transforma en suspiros que se exhalan cuando el recuerdo aprisiona el espíritu.

Ella terminó sus estudios y consiguió un trabajo en una empresa financiera de altos vuelos en la ciudad. Tantos años juntos y tantas amistades en común dejaron cabos atados que la traían a mi vida de manera recurrente e inevitable. No faltaba quien me hablara de ella, quien me dijera que la había visto, e incluso en un par de fiestas llegué a encontrármela. Altiva e impasible. Con una mirada semejante a la que le lanzaba al mesero que la había impacientado en la mesa, una mirada similar a la que se le dirige a quien menosprecias. Me enteré de un par de relaciones que tuvo en ese lapso y eso me carcomió otro pedazo de alma y con eso no pude.

Durante tres años padecí el no tenerla a mi lado. Aniquilé mis ganas de buscarla con mi pedazo de orgullo. Tiempo después me enteré de que Alicia decía que no me había dejado porque no me amara, sino porque yo estaba destinado al fracaso y era un hombre conformista. Eso terminó por destrozarme y con mi trocito de orgullo agarré valor y decidí abandonar la Ciudad de México para aceptar un trabajo en Cancún. Busqué poner la mayor distancia posible de por medio, evitar saber de ella persiguiendo ese olvido que tanto necesitaba. Olvidarme de Alicia y, lo más importante, olvidarme de ese Fernando que fue feliz a su lado.

Empecé a preparar todo para mi partida. Tenía dos meses para presentarme en el nuevo empleo y dejar arreglados mis pendientes en la ciudad. Fui a Home Depot a comprar unas cosas que necesitaba para empacar mis pertenencias y ahí conocí a Sonia. Quiero pensar que fue un flechazo de esos que te dan en el punto exacto que te duele y te calman el dolor. La invité a salir y charlamos durante horas de nosotros y de nuestras vidas. Sonia también venía de una relación tormentosa y creo que el destino nos unió para curarnos las heridas. Nos hicimos inseparables y cuando ya estaba cerca la fecha de mi partida le dije:

—Sonia, vente conmigo a Cancún.

Y aceptó.

Sí, así de ágil es a veces el movimiento en el tablero de ajedrez de la vida que te hará acreedor de una victoria.

Mi hermana Georgina se encontró a Alicia en un centro comercial por esos días y le comentó de mi nuevo trabajo en Cancún. Entonces sucedió lo inesperado. Alicia me buscó y me pidió un encuentro. Quería hablar conmigo antes de irme a Cancún. Y acepté. ¿Por qué? Porque creo que aún la amaba. Porque el destino te pone a prueba o se burla, pero sucesos inesperados te hacen tragar adrenalina de pronto.

Y llegó a la cita envuelta en un perfume de gardenia, con su pelo rubio y rizado cobijando sus hombros. Se sentó frente a mí y, con mucho nerviosismo, comencé a abordarla.

—Hola, Alicia, ¿para qué me buscaste?

—Supe que te irás de la ciudad y quise verte antes. ¿Te vas para olvidarme o de qué se trata?

Ahí estaba, preciosa y altiva, consciente del poder que tenía sobre mí. Moviéndome el tapete sin piedad alguna.

—Creo que debes pensar bien las cosas, tal vez tú y yo tengamos la oportunidad de intentar algo si te pones las pilas.

Yo la escuchaba con la mente atenta, pero con el corazón envuelto en niebla.

Entonces apareció el mesero y derramó un poco de café al colocar la taza sobre la mesa.

—¡Eres un inepto! —gritó Alicia—. ¡Mira nada más, por poco ensucias mi saco! —reclamó.

Y observé su mirada. Esa mirada que dirigió a aquel hombre que cometió un mínimo error en su desempeño. Recordé que así me veía a mí durante los últimos tiempos de nuestra relación. Debo admitir que en ese momento la seguía amando. Que me tuve que poner de pie con lágrimas en los ojos y me fui sin voltear atrás. Y a zancadas caminé por la calle, repitiéndome a mí mismo: "¡No! Ella es y será el gran amor de mi vida, pero este amor me hace daño. Quiero un amor diferente y voy a lograrlo". Pensé en Sonia, en su sonrisa franca, en sus manos amorosas, en su mirada llena de admiración y de amor hacia mí. Caminé sin girar atrás, con las lágrimas rodando por mi rostro, con el viento secándolas al galope.

Me vine a Cancún y reinicié. Pero, como un virus insidioso, Alicia se quedó por ahí incrustada. Nunca la he vuelto a ver en persona. Una vez, por amigos en común que tenemos en Facebook, pude ver una de sus fotos y entré a su perfil. Hermosa, altiva, realizada, exitosa. No averigüé más, verla bien me dio gusto. No sé qué fue de ella y no quiero indagar si se casó o si tiene hijos. Sin embargo, debo confesar que sueño seguido con ella. Al despertar sólo le deseo que sea muy feliz. Lo que más me gusta de mi ex, es que es mi ex. Que no forma parte ya de mi vida.

Sonia y yo llevamos veinte años de casados. Tenemos tres hermosas hijas y somos muy felices. Son ya cinco años desde que me independicé, tengo mi propio taller y no me siento conformista; por el contrario, estoy lleno de metas y propósitos. Mi familia me impulsa cada mañana a construir nuevos proyectos y a diseñar momentos de felicidad a su lado. Ésta es mi realidad, mi existencia, mi verdad. Sonia es el amor para el resto de mis días, el amor que me hace estar despierto. Alicia es un recuerdo que descansa entre mis sueños, cuando estoy dormido.

LE CHAT NOIR

Nunca sabes de qué suerte peor
te ha salvado tu mala suerte.
CORMAC McCARTHY

ecordar a Fabián es un ejercicio liberador, y cuando conozcan nuestra historia me darán la razón. Cada vez que pienso en él —lo cual es cada vez menos frecuente— me siento feliz. Feliz de que sea mi ex novio. Feliz de que sea algo del pasado, que fuera algo pasajero y de que sólo se haya estacionado en mi existencia por un tiempo.

—¿De dónde lo sacaste? —preguntó mi madre con cara de susto.

Y yo, ciega, sorda y empeñada en ver lo que otros no veían. Los demás lo percibían prieto, gordo, fodongo y sin aspiraciones. Yo lo veía "morenito", "llenito", "sencillo en su vestir" y "relajado". De veras que uno cuando está frágil de la autoestima y ávida de atención sufre alucinaciones, pero eso en el momento no se razona, sólo se vive y hasta se disfruta.

¿Dónde me encontré a ese espécimen? En un baile de la Arrolladora Banda Limón, una noche calurosa de abril y con los sentidos dislocados; con tres cervezas encima comencé a vivir la fantasía que les narro.

Fabián Vinicio Díaz se llamaba, y de noche todos los gatos son pardos. Entre humo de cigarro y cientos de cuerpos bailando a nuestro alrededor todo parecía bonito. Su sonrisa, su saco verde bandera y hasta sus botas de charol —creí que se había vestido así para ir al baile— lo hicieron ver "original" ante mis ojos. Obvio, las cervezas ayudaron, y la música, y el ruido, y que era de noche. Hasta aquí recuerdo y me digo: *Julieta, pues es que estabas vulnerable en ese momento.* ¿Por qué?, pues porque todas mis amigas habían ido acompañadas con sus novios y yo era la única que iba sola. Había terminado mi última relación hacía seis meses, con un chico de la colonia vecina de nombre Eddy. Según yo estaba "cerrando mi ciclo", pero la realidad era que me sentía presionada por encontrar un nuevo amor, porque todas mis amigas andaban echando novio y yo de agregada cultural con ellas, para no sentirme sola. Muy vulnerable o muy borracha, porque cuando Fabián me sacó a bailar no lo dudé y, como les cuento, hasta bonito y elegante lo vi. Ahora ya me río de mis justificaciones, pero hay lecciones que sólo se aprenden de forma vivencial, y Fabián fue una lección de esas en mi vida.

Al día siguiente apenas desperté, me di cuenta de que ya había tres mensajes de mi morenito en mi celular:

Buenos días, princesa.
¿Cómo amaneció la princesa?
He pasado toda la noche pensando en ti.

¡Ah, cómo me emocioné! Es que debemos admitir que recibir mensajes cariñosos y labiosos por el celular es la onda. Se siente uno verdaderamente princesa, y esos mensajes los leí con una sonrisa estúpida. Así de estúpido fue el comienzo, pero como dice el dicho, la gota persistente agujera la piedra y aunque le costó esfuerzo, paciencia y como dos mil mensajes de texto, Fabián logró conquistarme.

Cuando mi madre lo vio llegar por mí, vestido con jeans, botas de charol y saco amarillo, preguntó:

—¿De dónde lo sacaste?

—De un baile, mamá, de un baile.

Y me llevó al baile del amor. Ese baile que aprendes dando un paso adelante y dos atrás, a veces convencida y a veces aterrada, pero sigues y sigues dejándote llevar por la música idiota que toca el temor a estar sola. Y sí, debo admitir que todo el tiempo que estuve con mi moreno fue por el miedo a quedarme sola otra vez; además era muy mandilón, pasaba mucho tiempo a mi lado y hacía todo lo que yo pedía que hiciera. Nunca tenía un no, a todo decía que sí y me hacía sentir como la única mujer hermosa sobre la Tierra. "Esa es la ventaja de salir con un feo", me decía mi abuela. Yo me ofendía y ella se reía. Todos nos decían "la bella y la bestia", y ni yo era tan bella y él tampoco tan bestia. Es más, creo que la más bestia era yo porque lo traté con indiferencia, a veces incluso con injusticia y de todos modos ahí estaba, a mi lado. No puedo mentir, Fabián hizo lo suyo para quedarse conmigo, se esforzó, pero con el paso del tiempo afloraron muchas otras características en su personalidad que terminaron por separarnos. Por ejemplo, desde que comencé a salir con él, me enfermé de todo. Gripa, rotavirus, infecciones en la piel y hasta hemorroides. Nunca en mis siete años manejando vehículos había tenido un percance y durante los dos años que duró mi noviazgo con Fabián choqué cuatro veces. Nunca hubo daños físicos graves, pero en un par de esas colisiones casi desbarato el automóvil. Mis amigas empezaron a decirme que desde que andaba con él, la mala suerte me perseguía. Ciega, sorda y enamorada como estaba, me ofendía y les decía que era al revés. ¿Qué hubiera sido de mí sin él estando enferma o si no hubiese ido conmigo durante esos accidentes de auto? Uno se explica el mundo como le conviene y no medita mucho las situaciones. O al menos así fue mi caso. Prefería negar la razón a los demás y no escucharlos para justificar mi relación con Fabián. Una relación que de fondo no era tan buena como yo misma quería hacerme creer.

Su conformismo era colosal. Cuando nos poníamos a soñar con ese futuro juntos —que todas las parejas, en algún momento de la relación, contemplan, aunque sea nada más por seguir el rollo amoroso—, yo decía:

—Fabián, me gustaría tener una casa grande con un jardín lleno de rosales.

—¡Ay, amor! ¿Para qué?, mira, mi mamá me ha dicho que me heredará su casa, y pues en lo que Diosito la recoge podemos vivir con ella, y si tú quieres tumbamos uno de los cuartos de atrás y ahí ponemos el jardín que deseas.

—¿Estás bromeando, moreno?

—Para nada, princesa, por ti haría eso y más, estoy completamente dispuesto a remodelar la casa que mi madrecita me herede para que tú seas feliz en ella.

Se los cuento y me tiro sobre la cama y me río a carcajadas. ¡Ah, pero en aquel tiempo no me reí! Le dije:

—Eres un tierno, moreno de mi vida.

Ahora rían ustedes. Así se pone uno de encogido de las capacidades mentales cuando cae en una relación por desespero, baja autoestima o por andar volando bajo emocionalmente sin siquiera darse cuenta. Porque creo que todo lo que uno vive de ese modo es con un grado de inconciencia muy alto.

A los tres meses de andar de novios ya ni se ponía botas de charol y menos saco. Le dio por llegar en ropa deportiva —gastada y a veces sucia— a visitarme. Entonces, en lugar de sentirlo yo como una falta de interés o de respeto, me dije a mí misma: *Lo hace porque te tiene confianza y se siente relajado a tu lado*. Y ahí voy yo también a ponerme pants y tenis para recibirlo y relajadamente tirarnos frente al televisor en la sala de mi casa, comiendo palomitas, tortas o tacos. Ya no era un fodongo, éramos dos.

—¡Ay, amor! No alcancé a cambiarme, moreno —le decía, con mis jeans guangos y una sudadera con dos puestas.

—Así te ves hermosa, mi princesa —respondía el moreno con su pants anaranjado y sus tenis negros de mugre.

Y nos tomábamos de la mano para caminar rumbo a la nevería y comernos nuestros respectivos barquillos con cuatro bolas de nieve —que en dos de tres ocasiones yo pagaba— para luego regresar a mi casa y jugar videojuegos en la sala, o para salir al centro comercial y en el trayecto chocar con un poste.

No estoy exagerando. Es así como se hizo la dinámica de mi relación con Fabián, mi moreno del pasado.

Durante ese noviazgo me quedé sin trabajo —hubo recorte de personal en la oficina de gobierno donde trabajaba de ocho a cuatro—, me fracturé un hueso de la mano barriendo la escalera de mi casa, y casi pierdo un dedo cuando Fabián me machucó la mano izquierda con la puerta de su camioneta. También me robaron mi cartera tres veces y me sacaron dos muelas. Por eso y muchos otros detalles más, mis amigas empezaron a decirle a mi moreno *Le chat noir* ("el gato negro"), y como mi moreno no hablaba francés, hasta se sentía importante cuando escuchaba su apodo.

—Es muy gato, Julieta —comentó mi amiga Guillermina una tarde en que me visitó por estar yo enferma de colitis aguda—. Y es gato negro no por prieto, sino por salado; te trajo la mala suerte.

Y no terminé mi noviazgo con Fabián ni por feo ni por prieto. Lo que me hizo correr de su lado fue mi despertar. Un día me miré al espejo y caí en la cuenta de que estaba pasada de peso, abrí mi clóset y vi que mis vestidos favoritos ya no me quedaban y que los cajones estaban llenos de sudaderas y pantalones deportivos. Me di cuenta de que hacía mucho tiempo que no iba al salón de belleza, que no me hacía *manicure* y que tampoco me había depilado las axilas. Me asusté. También me percaté de que llevaba cinco meses sin trabajo. Lo peor fue observar el calendario y notar que faltaban dos semanas para mi cumpleaños número veinticinco mientras el espejo me arrojaba una imagen de doñita de cuarenta y tantos, mal cuidada, porque hoy en día hay mujeres de cuarenta que parecen de veinticinco. Y de pronto el pellizco en el cerebro que te activa las neuronas, que te reactiva los sentidos y comienzas a observar tu alrededor con nuevos ojos.

Entonces pude ver que Fabián era gordo, prieto y conformista. Que se vestía de una manera que no me gustaba, que era descuidado en su persona y que no tenía más aspiraciones que heredar la casa de su mamá, la frutería de su mamá y jugar videojuegos. Me di cuenta de que a sus veintinueve años estaba más perdido que yo y que, además, sí me daba mala suerte.

Le chat noir apareció ante mis ojos así, gato y negro. Y tuve que romper las fotos, tirar la ropa deportiva, ir al salón de belleza a cortar las puntas con orzuela de mis cabellos, a pintar mis uñas y después a una boutique a comprarme un vestido morado y unos zapatos de tacón. Cuando *Le chat noir* tocó a mi puerta con sus jeans deslavados, sus tenis sucios y su sudadera gris, le dije:

—Gracias por todo, pero ya no puedes estar a mi lado.

—¡Princesa, no me dejes! ¡Haré lo que me pidas pero no te vayas de mi lado!

—Lo siento, ya no me siento cómoda en esta relación, y necesito… quiero estar con alguien más.

—¿Alguien más? ¿Acaso hay otro?

—Soy yo. Necesito estar conmigo. Me extraño, me necesito.

Se fue a llorar a los brazos de su mamá; los siguientes días se puso borracho y me llamó doscientas veces, me mandó trescientos mensajes de texto, me *stalkeó* en mis redes sociales y también fue a hacerse la víctima con mis amigas. Pero yo ya estaba despierta, decidida y con la suerte de mi lado. Dos semanas después de nuestra ruptura conseguí trabajo en una casa inmobiliaria de mucho prestigio, me inscribí en clases de inglés y de yoga.

Pasaron los meses y bajé de peso, me compré ropa nueva, conocí nuevas personas, y no volví a chocar el auto. Desde entonces me he enfermado poco. Han pasado casi cuatro años y Fabián no me supera. Cuando me lo he llegado a topar vuelve a llorar, me dice que me extraña, que no me olvida, que su vida es un fracaso sin mí, que su vida no tiene sentido si yo no estoy a su lado, y suplica otra oportunidad. Sigue soltero, viviendo con su mamá, trabajando en el negocio de su madre y a mí me tiene hasta la madre.

Cuando se encuentra a mis amigas, hace lo mismo: llora y se hace el mártir. Les dice que morirá solo porque a nadie va a amar como a mí. Pero ya sus palabras no tienen efecto alguno en mi conciencia. Me siento tranquila porque nada es inútil en el camino de la vida. Hasta los inútiles nos sirven para aprender alguna lección. Fabián para mí fue una lección de autoestima. A su lado descubrí lo fácil que es cerrar los ojos y dejar de verse a sí misma. Lo sencillo que es contarse una historia conveniente para justificar la inestabilidad emocional en la que algunas personas nos encuentran. Por eso nos enganchamos las personas complicadas con otras más complicadas, las depresivas con otras más depresivas, y las negativas con otras más negativas.

No le guardo rencor, pero tampoco cariño. Por eso comencé mi relato diciéndoles lo liberador que resulta para mí pensar en Fabián como un ex novio. Como alguien que ya no es, que ya no está, que ya es parte del pasado. Me libré de caer en un precipicio, de vivir con mi suegra y de construir mi jardín donde antes hubo un cuarto de servicio. Dice mi abuela que también me libré de tener hijos feos. Yo me río y ella también. La buena suerte llegó con su partida. Al año y medio de trabajar en la inmobiliaria conocí a Alejandro. No es perfecto, pero me impulsa a crecer y a sacar lo mejor de mí, le agrada que trabaje y que tenga metas. Me gusta arreglarme para él, y usamos ropa deportiva sólo cuando practicamos deporte juntos. No hace todo lo que yo le pido porque tiene su propio carácter, pero sabe escuchar y podemos conversar toda la noche sin cansarnos.

Me siento cómoda con él, me siento cómoda conmigo al estar con él, y los dos visualizamos una casa con un jardín enorme lleno de rosales.

Hay personas que se alejan y sientes que tu espíritu es más liviano y luminoso desde que se fueron. Hay quien pasó por tu vida para mostrarte de manera vivencial lo que no quieres. Hay quienes se van de tu vida y se convierten en sombras mientras tú recuperas tu luz.

SANO Y SALVO

Veneno.
Sustancia que actualmente predomina
en el aire, el agua, la tierra y el alma.
EDUARDO GALEANO

 a conocí en la sala de espera de un aeropuerto. Ambos esperábamos el mismo vuelo. Inicié la charla con la inocente pregunta: "¿Ésta es la puerta del vuelo a Tijuana?", sin saber que esa frase daría inicio a una relación amorosa de matices contra-dictorios. Me acuerdo y se me enchina la piel.

Su nombre: Lucía. Y lucía como una chica dulce e incluso ingenua. El flequillo sobre su frente le concedía un aire infantil. Veinticuatro años cumplidos mientras que yo ya iba en treinta y dos. Los dos norteños. Ella de Tamaulipas y yo de Durango. Los dos estábamos viviendo en Guadalajara por nuestros trabajos. Ella, consultora diseñadora de zapatos; yo, asesor contable de una firma de abogados. Los dos íbamos a Tijuana por motivos familiares. Ella porque se casaba su hermana y yo porque mi madre estaba enferma. Así se enredan las historias de dos desconocidos cuando el destino decide enredarnos la vida.

Durante el vuelo platicamos, intercambiamos teléfonos e hicimos la promesa de ir juntos a comer a un reconocido restaurante de Tijuana. Ella se fue a su hotel, y yo a casa de mi madre, quien radicaba en esa ciudad desde que se casó con Humberto, su segundo esposo.

Comenzamos a enviarnos mensajes de texto, y nos agregamos en nuestras redes sociales. Por esos medios me compartió fotografías de la boda. Se veía hermosa, enfundada en un vestido azul turquesa, con sus labios color carmín y sus grandes ojos negros radiantes. La llamé al día siguiente y salimos a cenar. Las tres horas que duró la velada me parecieron quince minutos. Quería más de Lucía. Más tiempo, más risas, más roces de manos sobre la mesa. Definitivamente me flechó. Fui el hombre más feliz del planeta cuando me dijo que no tenía novio.

Yo acababa de pasar por una ruptura. Había vivido con Graciela, mi novia por tres años, pero la rutina nos venció y decidimos separarnos. Habían transcurrido siete meses de eso, y no me había dado el tiempo de conocer a fondo a alguien más. Salía con una chica, luego con otra, pero con ninguna establecí vínculo alguno. Relaciones de una noche, pasajeras. Pero ahí, enfrente de Lucía, mis sensaciones fueron distintas. Tuve el deseo de volver a verla. Y así fue.

Cuando los dos regresamos a Guadalajara comencé a cortejarla. Le envíe flores, la invité a cenar varias veces y por fin, un mes después, le pedí que fuera mi novia. Si hubiese tenido una bola mágica para ver el futuro, esa misma noche me corto la lengua para no hablar y las manos para no tocarla. Pero el futuro siempre es un enigma y las mujeres más.

Vivimos un romance que en su primera etapa fue de ensueño. Una época de besos, caricias y de procurarnos uno al otro. Ella comenzó a pasar noches en mi departamento, le di una llave para que entrara cuando quisiera —gran error— y en otras ocasiones era yo quien me quedaba a dormir con ella en su casa. Los dos vivíamos solos gozando independencia económica y disfrutando nuestros trabajos. A los dos nos gustaba lo que hacíamos y charlábamos horas sobre nuestros planes, metas, sueños. Esa etapa hizo perfecto el hechizo, y cuando uno está bajo su efecto deja pasar pequeños detalles que después se convierten en enormes señales, presentes ahí, pero que no se ven porque uno no tiene ojos ni sesos para verlos.

Comenzaron a verse en la segunda etapa. Cuando ella decidió "formalizar" nuestro noviazgo, y lo llamó "compromiso". Me presentó a sus padres, a sus dos hermanas, y un buen día —y sin avisar— llegó a mi departamento con sus pertenencias. Me dijo que era mejor pagar una sola renta y comenzar a ahorrar para nuestra boda. La sentí invasiva. Debo confesar que en mis planes nunca estuvo "formalizar" la relación de la manera en que ella lo hizo. Sin embargo, por amor y por pensar en que yo ya estaba en edad de "sentar cabeza", fluí sin chistar y me tragué mis verdaderas opiniones. El que calla otorga, y le otorgué —sin analizarlo— el derecho a que se metiera en mi vida y en mi espacio. Entonces vino un tiempo complicado. El tiempo de los celos, de perder mi privacidad, de tener que sacar cosas de mi clóset sin querer hacerlo, obligado a pequeños detalles cotidianos que en un principio no me importaban, pero que con la convivencia diaria empezaron a hacerme ruido. Y mi cabeza se llenó de ruido. Su dulzura se transformó en exigencias, su paciencia en intolerancia y su ingenuidad en sagacidad. Era sagaz buscando en mis cajones, entre mis papeles, siempre sospechosa de que yo la estuviera engañando. Su yo celoso se apoderó de toda ella. Así, de pronto y de la nada, pasó de ser la chica de rostro infantil y aire ingenuo, a ser una mujer con ceño fruncido y mirada de aguijón que me acosaba con preguntas todo el santo día. Si en este punto creen que mi historia se pone fea, debo decir que apenas comienza el calvario.

Por más que conversamos, que asistimos a algunas sesiones de terapia de pareja y que hicimos un par de viajes para reactivar la pasión y reconciliarnos, no se pudo. Fui yo quien decidió pedirle que se fuera. Necesitaba mi espacio, mi libertad, y poner la cabeza de una vez por todas afuera de esa olla —cueva oscura— en la que me había metido al estar a su lado.

—¡Te vas a arrepentir! —gritó y azotó la puerta al salir.

Y sí, me arrepentí. Pero no de correrla, sino de haberla conocido.

¿Qué hizo Lucía después?

A los dos días de haberse ido, regresó a mi departamento mientras yo estaba en el trabajo y con unas tijeras destrozó todas mis corbatas, mis calcetines y mis calzones, los cojines de la sala y el colchón. También rompió la televisión y los espejos de los baños. Estrelló mi iPad y metió en al refrigerador a mi pez beta. Cuando regresé esa noche ¡no lo podía creer! Tuve que hablarle a mi amigo Daniel para que me ayudara a recoger semejante desorden, él me aconsejó denunciarla ante las autoridades, pero preferí cambiar la chapa de la puerta que volver a ver su rostro. Estaba tan lleno de rabia, que si la hubiese visto esa noche la estrangulaba. Al día siguiente, varias amigas comenzaron a comunicarse conmigo porque Lucía estaba enviándoles mensajes ofensivos por Facebook. Se puso a insultar a todas las mujeres que eran mis contactos en redes sociales, sin importar quiénes fueran, tachándolas a todas de zorras y de estar acostándose conmigo.

Tuve que pedir disculpas y acabarme la saliva en explicaciones. Bloqueé a Lucía de todas mis redes sociales y también su número telefónico para no recibir llamadas de su parte. Se puso más loca.

A los pocos días llegó borracha, en la madrugada, a tocar la puerta de mí departamento. Gritaba, lloraba, me insultaba y después decía que no podía vivir sin mí. Los vecinos tuvieron que llamar al conserje para que la subiera en un taxi bajo amenaza de llamar a la policía si seguía con su drama.

Pasaron días sin noticias de Lucía, y eran los días más hermosos, días de paz. Pero volvía al ataque.

Un día, se me acercó un tipo y me dijo:

—Amigo, hay de dos sopas: o le robo su coche en este momento, o usted por su cuenta haga escándalo, finja que se lo robaron, para que yo pueda cobrar el trabajo que me encomendó una dama.

¡Lucía había pagado para que me robaran mi coche nuevo! Claro que preferí la opción de fingir el robo, mandé mensajes a mis amigos informándolos del "incidente", publiqué en mis redes sociales el suceso, y anduve varios días en Uber hasta que sentí el momento adecuado para comunicar a mis conocidos que lo había recuperado.

Tiempo después, Lucía llamó por teléfono con mi madre para decirle que estaba enferma de cáncer en la tiroides y que yo era un hombre egoísta, que la abandoné y que ella se hallaba en riesgo de muerte. Mi madre por fortuna no se tragó la historia y me llamó de inmediato. Sugirió que me comunicara con la familia de Lucía. Eso hice, y obviamente sus padres me dijeron que eso era una mentira, que su hija estaba más sana que nunca físicamente, pero que en lo emocional la veían muy enferma. Con ellos tuve la oportunidad de platicar a fondo todo lo que estaba pasando, con la esperanza de que intervinieran y ayudaran a su hija a recuperar la cordura.

Ese episodio hizo que las cosas se calmaran durante algunas semanas. Opté por mudarme, y me fui a vivir a un edificio de departamentos del otro lado de la ciudad. Lejos de su casa, de su entorno, de nuestro anterior rumbo juntos, tratando de limpiar toda la esencia de esa relación tormentosa.

Entonces se presentó en mi trabajo sin aviso. Gritó enfrente de todos que yo era una basura, que le había robado dinero y joyas, que era un hombre sin escrúpulos y que deberían meterme a la cárcel. Ese día supe lo importante que es ir tejiendo una buena reputación con acciones congruentes y responsables. Nadie le creyó, mis compañeros de trabajo y mi jefe sabían perfectamente quién era yo, Roberto Sotomayor, un hombre responsable, comprometido con mi trabajo, un hombre de confianza. Llevaba diez años en ese empleo. La que quedó en ridículo fue Lucía y en la oficina dieron la orden de prohibirle la entrada a partir de ese momento.

Durante casi un año me escribió correos electrónicos que decían: "Te estoy observando". "Si no fuiste feliz conmigo no lo serás con nadie". "Te veías muy bien con ese traje gris". "Hoy por la noche soñarás conmigo".

Tuve que ir a terapia, la paranoia que me indujo estaba desequilibrando mi vida. Varias veces pensé en tomar medidas legales, pero algo me detenía. Tal vez la pereza que me daba verla de nuevo, tener que seguir un proceso de declaraciones que volvieran a involucrarnos en la vida, qué sé yo. Le suplicaba al tiempo que trascurriera veloz para que pronto todo quedara en un pasado remoto.

Lucía me acosó por tres años. Hizo de mis nervios una telaraña y de mi cerebro un embutido. Tuve que tomar anti-depresivos, ansiolíticos, practicar yoga y meditación, y hasta internarme por tres días en un hospital para hacerme un *check up* porque varias veces sentí que me iba a dar un infarto.

Mi vida amorosa se estancó, pues me daba miedo invitar a salir a una chica y que Lucía apareciera con una pistola en la mano para matarla, o matarme.

Mi terapeuta me sugería dar aviso a las autoridades, nunca quise. Me sugirió cambiar de residencia, pero lo único estable en mi vida era mi trabajo y me aferré a él. Abandonar mi empleo hubiese sido darle a esa loca el poder de dejarme sin nada. Entonces tomé pastillas, hice ejercicio, medité, practiqué yoga, tomé productos milagrosos para la ansiedad y asistí a mil cursos y talleres de superación personal en busca de la paz perdida. Hasta fui con un brujo, porque no faltó la persona que me dijo que estaba embrujado.

Un día el acoso terminó. Dejaron de llegar los correos electrónicos y de suscitarse los encuentros esporádicos con Lucía que terminaban en tragedia o en escándalo. Parecía que se la había tragado la tierra. El dinosaurio se había ido. Mi madre decidió acabar con mi incertidumbre —porque, aunque cause risa, me asustó tanta paz, tuve miedo a que algo peor se estuviera fraguando— y fue a buscar a la hermana de Lucía, quien vivía en Tijuana, con el objetivo de obtener información.

¡Aleluya! Mi madre no pudo darme mejores noticias: Lucía se había ido a Madrid con un tipo que conoció en una exposición de calzado, se había vuelto a enamorar y estaba próxima a casarse.

¡Estaba a salvo! ¡Por fin! La pesadilla había terminado, y otro iluso había caído en la trampa de la que yo había salido. Raspado, pero vivo. Sano y salvo.

Y así fue, Lucía se casó, se quedó a vivir en España y no he vuelto a saber de ella. Espero que jamás aparezca de nuevo en mi camino. Ya pasaron siete años desde entonces.

Hay amores que son tóxicos, que están contaminados de celos, de mentiras, de obsesiones, de neurosis. Creo que cuando me topé con ella, una parte de mí estuba vulnerable, o que no quise ver las señales que se iban presentando en lo cotidiano. Pero ya terminó. Es pasado y habita en el ayer, y en el presente me mantengo construyendo mi futuro.

Tengo cuatro años viviendo con Ana Luz, una cosmetóloga que conocí en el consultorio de mi terapeuta. Tenemos una niña de dos años, Luz María, que es mi adoración. Nuestra relación es apacible, sin dramas ni celos, confiamos uno en el otro, nos concedemos nuestro espacio vital y nos respetamos.

Agradezco que cuando pienso en Lucía, ya no siento rencor ni odio, todos los sentimientos malos que habitaban en mi corazón hacia ella fluyeron hacia el olvido. Ése es el mejor lugar para su recuerdo: el olvido. Ya no siento nada cuando pienso en ella, no me arden las entrañas de coraje ni se me encoge el alma de temor. Y esa nada que siento me hace sentir liberado, porque donde no se siente nada, donde ya no duele, es porque la herida ha sanado.

HILANDO CABOS

Algunas cosas del pasado desaparecieron,
pero otras abren una brecha al futuro
y son las que quiero rescatar.
MARIO BENEDETTI

hí estaba yo, recostada en el diván; la psicóloga hablándome de un hilo rojo.

—Valeria, los japoneses creen que los seres humanos predestinados a conocerse están unidos por un hilo rojo atado al meñique.

—¿Y por qué al meñique y no a otro dedo? —la interrumpí con la curiosidad imprudente que me caracteriza y que tanto critica mi madre.

—Porque la arteria ulnar conecta el corazón con el dedo meñique y de este hecho se desprende la leyenda.

Para no ser más imprudente y, además, no evidenciar mi ignorancia, preferí no preguntarle cuál era la arteria ulnar y la seguí escuchando, aunque debo aceptar que renegando en mi interior porque se suponía que le pagaba por escucharme a mí.

—La leyenda señala que los hilos rojos del destino unen los meñiques con los corazones y que si entre dos seres humanos se da un vínculo afectivo, dicho hilo permanece entre ellos desde su nacimiento. Y no importa el momento ni el lugar, se encontrarán porque están destinados a ello.

Y yo ahí, escuchando a la psicóloga con los oídos y con el corazón extrañando a Paco. Acudí a ella porque había roto una relación con Francisco Moreno, el gran amor de mi vida, y me sentía perdida. Así terminé en el consultorio de la psicoterapeuta que me contaba la historia de un emperador que se enteró de la existencia de una bruja que podía ver el hilo rojo de las personas y acudió a ella para adelantarse a su destino. Ordenó que la llevaran ante su presencia y luego le pidió que buscara el otro extremo de su hilo rojo. La bruja comenzó a seguir el filamento del emperador hasta que los condujo a un mercado en donde una señora vendía frutas o no recuerdo qué. Se trataba de una campesina en cuyos brazos cargaba a una niña; cuando la adivina le comentó al emperador que ahí terminaba su hilo rojo, el hombre se enfureció porque no le agradó su destino y tachó a su interlocutora de charlatana. Fue tanto su coraje, que empujó a la campesina hacia el suelo y el golpe descalabró a la niña que la mujer humilde llevaba en brazos.

Después, enfurecido, el emperador ordenó a sus guardias que le cortaran la cabeza a la bruja. El asunto es que pasaron años y el monarca decidió casarse con la hija de un general muy poderoso. Cuando levantó el velo de la novia el día de la boda, además de notar la belleza de la mujer que desposaba, se dio cuenta de que ella tenía una peculiar cicatriz en la frente. Es decir, su futura cónyuge era la bebé que se había descalabrado por su culpa cuando la bruja lo condujo al final de su hilo rojo.

—Valeria, con este relato lo que pretendo es explicarte que no podemos escapar de la persona que ha nacido para amarnos.

—Pero yo siento que esa persona no ha nacido —señalé arrugando el ceño.

—Eso dices porque estás en duelo, deprimida y decepcionada. Pero todos tenemos un hilo rojo en nuestro meñique.

Salí del consultorio sin saber a ciencia cierta si yo era el emperador, la bruja o la niña descalabrada. Cuando uno está cegado por un dolor emocional todo es confuso, y los consejos o las palabras de aliento pierden fuerza en ese momento. Pero el tiempo, que es un viejo sabio, va acomodando las piezas del rompecabezas, poco a poco, frente a nosotros. Y así me ha ocurrido.

Contraje nupcias a los dieciocho años con Carlos Gabriel, quien, además de tener nombre de personaje de telenovela, era macho y alcohólico. Me casé por haberme embarazado y obviamente esos años de mi vida están llenos de recuerdos dolorosos. Tuve dos hijos con él, y a los ocho años de permanecer juntos nos divorciamos; cabe mencionar que el padre de mis hijos fue mi primer novio. Por algo suceden las cosas y todo sufrimiento trae sus regalos. Para mí esos obsequios son mis dos hijos, a quienes amo y con los que mantengo una relación increíble y amorosa. Después del divorcio, Carlos Gabriel desapareció y sabemos de él solamente en los cumpleaños de mis hijos porque hasta pensión económica dejó de darnos y se dedicó a rehacer su vida. Si algo me sorprende de él es su habilidad para recuperarse del divorcio y enamorarse de nuevo al año de nuestra separación. Está por demás decir que ya reconformó su vida, tiene otros hijos y es personaje de otra historia.

Quedé entonces divorciada a los treinta años, con un hijo de doce y otro de ocho años, y con unas ganas enormes de salir adelante que me sirvieron para ponerme a trabajar y continuar estudiando. Entré a cursar contaduría por las tardes y por las mañanas comencé a laborar para una empresa aeroespacial. Ahí entablé una gran amistad con Leticia Gómez, una compañera de trabajo, del área comercial. Leticia vivía en la colonia Burócratas, igual que yo, así que empezamos a frecuentarnos y nos hicimos muy amigas. Fue en su fiesta de cumpleaños donde conocí a Vicente Jiménez.

—Tiene treinta y cuatro años, es soltero y proviene de una familia muy adinerada de aquí, de Mexicali —me comentó Leticia.

Me pareció medio guapo, medio simpático, medio agradable. Todo a medias, nada completo. Digamos que no fue flechazo ni un impacto fulminante al corazón. Sin embargo, debo admitir que él hizo la lucha por seducirme y comenzó a buscarme en la oficina, me invitó a cenar, y poco a poco fue ganando mi confianza.

Yo no tenía experiencia en las relaciones con el sexo opuesto, pues mi único novio había sido el padre de mis hijos, y cuando Vicente apareció en mi vida estaba enfocada en trabajar y en atender a mis retoños. Pero Vicente supo cómo llegarme y a los tres meses de salir con él me pidió ser su novia. Acepté sin dudarlo porque, aunque no lo crean, pasé de verlo medio guapo a guapísimo, de medio simpático a verlo como el más simpático del planeta. Así es el amor, que intensifica todo y exagera cualidades, sobre todo en la etapa inicial, cuando el asunto es miel sobre hojuelas. De pronto me desperté por las mañanas dedicándole mi primer pensamiento, y por las noches el último. Mi cuerpo se llenó de cosquillas en todas partes y mis ojos se bañaron de un brillo desconocido. El brillo del que se enamora, el brillo del amor que ha tocado el corazón… y ya está uno jodido. No es posible salir de eso con facilidad.

Vicente también se ganó a mis hijos. Comenzamos a salir con ellos a cenar, los fines de semana íbamos al cine y eso me enamoró de él aún más. Una ilusión poderosa me invadió y anhelé de pronto volver a formar una familia. Y acabo de escribir la palabra clave en mi historia: *familia*.

Llevábamos ya casi nueve meses de noviazgo, Vicente conocía a mis amigos, a mi familia, a mis hijos, pero yo desconocía mucho de él. Todo marchaba de maravilla, pero no me había presentado a ninguno de los miembros de su clan. Entonces empecé a sentir un agujero en el estómago cada vez que recordaba ese detalle. Un día me armé de valor y se lo dije. Vicente respondió que su mamá era muy "especial" y que no mantenía buena relación con sus dos hermanas. Que le tuviera paciencia y que el día menos pensado todo se arreglaría. Así lo hice, era tanto mi amor que di baño de paciencia y acepté continuar con esa espina encajada en el alma.

Al año de estar juntos, me informó que había comprado una casa "mejor" para mí y para mis hijos, y aunque se ubicaba en la misma colonia, debo admitir que era una vivienda con más lujos que la mía. Me llevó de compras y la amueblé a mi gusto. Todo eso me daba confianza y me hacía pensar que era cuestión de poco tiempo para que me entregara el anillo y mis miedos se desvanecieran. Me visualicé muchas veces con Vicente en el altar de la Parroquia de Nuestra Señora del Perpetuo Socorro. No había futuro que imaginara sin él. Y así pasaron los meses y nada. Nada de presentarme a su familia. Éramos, mis hijos y yo, su familia, nos dedicaba mucho de su tiempo. A veces lo notaba pensativo, silencioso, como buscando respuestas en el aire. Tal vez reflexionaba en cómo solucionar su conflicto interior. Ese que vivió callado y silencioso, y que resolvió de una manera muy dolorosa para ambos.

Un día Leticia me invitó un café y me la soltó:

—Valeria, estuve platicando con una de las hermanas de Vicente y, en efecto, lo que hemos sospechado durante este tiempo es verdad. Su familia no está de acuerdo con su relación y su madre lo ha amenazado con desheredarlo si se casa contigo.

La sospecha cuando sólo es sospecha aún tiene de amiga a la esperanza. Ya no era sospecha, era una realidad. Nunca nos permitirían estar juntos.

Para entonces llevábamos tres años y medio de relación. Por eso lo nuestro permanecía sin rumbo, a la deriva, y viviendo el hoy sin planear futuro posible. Vicente lo admitió, hasta eso; no me mintió más. Dijo que su madre se oponía a que él contrajera matrimonio con una mujer divorciada y con dos hijos. El "qué dirán" era muy poderoso para su familia. Me confesó que no podía luchar contra su madre y toda su familia, y entonces comprendí que hasta ahí llegaba su valor, que no haría ningún esfuerzo adicional por nuestra relación y yo tampoco estaba dispuesta a enfrentarme a su madre; me resultaba indigno y me sentí muy decepcionada. Y así fue como esa noche acordamos separarnos. Dejé de justificarlo, ya no tuve paciencia, y con mi dolor a cuestas decidí poner fin a nuestra historia de amor.

Cuando lo vi salir de casa después del adiós, un dolor profundo se anidó en mi pecho, hasta creí que me daría un infarto. Mi existencia se deshizo. Estaba perdida. Comencé a ir con la psicóloga. El siguiente año lo utilicé para desarmarme y volverme a armar. Me deshice para rehacerme. Vicente me dejó la casa, la cual había escriturado a mi nombre, y creo que fue su manera de sentirse menos culpable por su cobardía. La puse en venta sin éxito, y entonces la renté y me mudé a otra vivienda, para no encontrarme con su recuerdo en cada rincón. Busqué las palabras más adecuadas para explicarles a mis hijos la ruptura, porque ellos también lo extrañaban y les afectó nuestra separación. Transcurrieron un año y dos meses cuando Leticia me dijo que Vicente se casaría con la hija de una amiga de su madre —una chica de sociedad—, que ya habían amueblado una casa en San Pedro y que viajarían de luna de miel a Asia. Apenas comenzaba a levantarme y volví a caer. Otra vez a la psicóloga. Y ahí, en ese diván, me recuerdo a mí misma tirada, escuchando las historias del hilo rojo.

Mi manera de buscar el hilo rojo propio fue estudiar una maestría; conseguí un ascenso en la empresa, realicé un par de viajes con mis hijos y, poco a poco, comencé a escuchar el latido de mi corazón otra vez. En ocasiones la mente es traicionera y atrae pensamientos malévolos: *Ojalá que le vaya mal en su matrimonio, ojalá que su herencia se desvanezca y termine jodido, ojalá que se quede impotente, ojalá que el maldito hilo rojo lo vuelva a traer a mi lado.* Es lógico sentir odio, resentimiento y frustración. Pero lo que no es lógico es quedarse ahí en medio de esos pensamientos patéticos y revolcándose en el dolor.

Un día dejé de pensar en él y comencé a pensar más en mí. Y entonces apareció un hombre que entrelazó su meñique con el mío. Cuatro años después el hilo rojo me guio hacia mi alma predestinada.

—Buenas tardes, vengo a preguntar por la venta de una casa —dijo el caballero vestido con jeans y camisa blanca que entró en mi oficina.

—Sí, Valeria Franco, para servirle.

Y esas fueron las primeras palabras que crucé con Javier Herrera, quien ahora es mi marido.

Primero fue el cliente que compró la casa en donde habité con Vicente. Después, el amigo y confidente. Enseguida, el amigo de mis hijos y la compañía en mis noches solitarias. Mi esposo desde hace diecisiete años.

Ahora me queda claro el poder del hilo rojo. Hilando cabos me doy cuenta de que era necesario Vicente y su paso por mi vida para poder llegar a Javier. Está demás decir que cuando conoció la historia de esa casa la vendió para comprarme una más grande y hermosa… en San Pedro.

Vicente se fue de Mexicali. Su madre falleció, los hermanos se repartieron la herencia y dejaron la ciudad. Afirma Leticia que ahora radica en Houston. Yo digo que está donde debe estar: lejos de mi vida y fuera de mi corazón. Cumplió su cometido en mi existencia, porque muchas personas llegan a nuestra vida con una misión. La cumplen y se van. Se cierran ciclos y se abren nuevas puertas. Por las noches abrazo a Javier con todo mi amor y entiendo que Vicente me preparó con el fin de estar lista para cuando llegara la persona indicada. Entrelazo mi meñique con el suyo y siento en plenitud que nuestro hilo se puede enredar o estirar, pero nunca romperse.

TATUAJES

Mala hierba nunca muere.

Refrán popular

levo dos tatuajes en la piel de mi corazón. Marcas en mi memoria que a veces me empujan a la desolación y otras al gozo. Tatuajes elaborados con la aguja de la impiedad, del temor, la ignorancia y el candor de la más tierna juventud que me hizo confiar y quedarme callada.

Dos amores que se trenzaron en un mismo tiempo y crearon un cordón que casi me ahorca.

El primero apareció en mi vida a los siete años. Patricio era una niño juguetón y divertido que llamó mi atención desde que lo vi jugando en el patio con otros compañeros

111

de nuestro salón. Un día se me acercó y me dijo: "Tú eres mi novia", y me plantó un beso en la mejilla. Esa tarde llegué a mi casa y le conté a mi madre, y como a ella le provocó una sonrisa mi comentario, la inocencia de mi corazón de niña me hizo creer que era algo bonito lo que me había pasado. Jugamos a ser novios durante la primaria, de esos que sólo se regalan dulces y se dan besos en la mejilla durante los recreos o en alguna fiesta infantil. Pasaron los años y llegó nuestra pubertad. Patricio se fue a otra escuela, pero continuó visitándome por las tardes. Yo seguía siendo su novia y los besos de la mejilla se trasladaron a la boca. Sin embargo, desde ese entonces, mis amigas me decían que lo habían visto con otras chicas de su secundaria. Yo asistía a un colegio de mujeres, por lo que no entablaba contacto con otros chicos. Además, yo no tenía ojos para otro que no fuera Patricio, y lo creía incapaz de traicionar nuestro amor. Terminamos la educación secundaria y llegó la hora de estudiar el bachillerato. Patricio se inscribió en un instituto público y yo continué mis estudios en el mismo colegio de religiosas, formándome como una mujercita de bien.

Los rumores de que Patricio me ponía el cuerno con otras chicas siguieron, pero también seguía mi devoción y mi apego por él. A esa edad se confunde el amor con muchas cosas que no lo son. Mis oídos permanecieron sordos a esos chismes y cuando Patricio se hallaba a mi lado se me olvidaban. Estaba acostumbrada a él y no me importaba nada mientras continuara a mi lado. "Yo soy su novia oficial, las otras son solamente unas ofrecidas a las que él no toma en serio", me decía a mí misma para sosegar mis angustias y el temor de perderlo.

Entonces apareció Carmen. Provenía de una escuela pública, había sido expulsada por rebelde y por mal comportamiento. Sus padres decidieron inscribirla en el colegio para que las monjas la metieran en cintura con disciplina y la palabra de Dios. Carmen, desde un principio, mostró su preferencia por mí. Hizo que mi compañera de la banca de al lado mío le cediera su lugar y no de buena manera. Desde que se integró al grupo su carácter impulsivo y dominante se manifestó, por lo que muchas optaron por tomar distancia. Sin embargo, conmigo fue simpática, generosa —me compartía sus dulces y me ayudaba con mis tareas— y otra vez mi ingenuidad me hizo ceder. Creía que todas las personas eran buenas, que no existía la hierba mala en el jardín de la vida.

Patricio me violó a los dieciséis años en su auto. Pasó eufórico por mí porque sus padres le habían comprado su primer coche. Se estacionó a la orilla de una carretera vecinal y me pidió una "verdadera" prueba de amor. Me gustaban sus besos, sus caricias, pero no me sentí preparada para dar ese paso. Me negué, y me tomó a la fuerza. No sirvieron de nada mis gritos, nadie me escuchó. El mismo día que me arrebató la virginidad me asestó el primer golpe. Me abofeteó para que dejara de gritar y me dijo que todo lo que me hizo, lo hizo por amor. Y yo me quedé callada. No se lo conté a nadie. Sentí vergüenza, culpa y miedo. Y también sentí temor de perder a Patricio, me consolé repitiéndome que era mi novio, que no había cometido ese acto con cualquiera, que lo conocía desde niña y que nos amábamos.

Carmen me violó cinco meses después. Nuestra amistad se afianzó y como siempre fui una chica solitaria y poco amiguera, tener una amiga como Carmen —quien se convirtió en una líder gracias a su carácter rebelde e impositivo— resultó ventajoso. Empezamos a ganarnos el respeto ante las demás y me sentía acompañada. Ella siempre estaba para mí y comenzamos a frecuentarnos después del horario de clases. A veces yo iba a su casa, otras Carmen a la mía. Descubrimos que nuestros padres tenían amigos en común y también ellos comenzaron a entablar relación. A Carmen era a la única que le contaba sobre mis peleas con Patricio por los recurrentes rumores respecto a su fama de mujeriego. Ella me decía que todos los hombres eran iguales y que por eso evitaba tener novio. Desafortunadamente le conté que Patricio me había hecho suya a la fuerza, confiando en su amistad y en su promesa de guardar mi secreto. Creí que para eso eran las amigas, para confiar en ellas. La consideraba una buena amiga y jamás vi mal que le gustara tomarme de la mano cuando caminábamos por la calle ni que me abrazara con tanta efusividad y frecuencia. Fue en su casa, una tarde en que nos quedamos solas —sus padres habían acudido al funeral de un amigo—, cuando me condujo a su habitación con el pretexto de mostrarme un nuevo videojuego, y ahí me empujó sobre su cama y se abalanzó sobre mí. Comenzó a besarme, y debo confesar que respondí a ese beso, como quien responde a un saludo; después, con curiosidad por estar experimentando algo nuevo y sorpresivo, lo sentí como una travesura. Pero cuando quise zafarme y ponerme de pie, ella se tornó agresiva y amenazó que si no me dejaba hacer lo que ella quisiera, le comentaría a mis padres que Patricio me había violado. Cuando externó eso, el miedo se apoderó de mí y entonces cerré los ojos y la dejé hacerme el amor. Porque así me lo mencionó: que eso lo hacía porque estaba enamorada de mí, porque me amaba.

Me violó Patricio porque me amaba. Me violó Carmen porque estaba enamorada de mí. ¿Eso era el amor?

A mis padres no les platiqué nada porque los amaba y no quería que ellos me dejaran de amar. El velo que divide lo que es el amor de lo que son otras cosas es transparente y delgado e, porque he llegado a la conclusión de que llamamos a amor a cosas que no lo son, se les pone ese sustantivo a acciones impregnadas de inconciencias, impías y desoladoras.

Y así me amaron Patricio y Carmen. A su modo y desde sus corazones infestados de todo menos de amor.

Me convertí en una mujer taciturna, introvertida. Atrapada entre el miedo y la culpa, entre la vergüenza y un dolor silencioso. Seguí teniendo relaciones sexuales con Patricio, ya no a la fuerza, pero sin gozo ni entrega, sólo para conservar ese vínculo porque, como ya había sido suya, mis creencias me dictaban que no podía ser de otro hombre, que ya estaba tatuada en la piel mi sentencia: ser su esposa. ¿Cómo iba a tener derecho a otra opción si me programaron para pertenecer a un solo varón de por vida? Y Patricio lo sabía. Me conocía desde niña, me había visto crecer, conocía mis valores… y mi miedo a su abandono.

Entrelazado al amor de Patricio estaba el amor de Carmen. Bajo amenaza, aplacando mi rechazo con frases como: "Imagínate que el Patricio y tus padres se enteran de lo nuestro, te van a correr de tu casa y te quedarás sin noviecito". Y yo cedía. Tenía tiempos de cariño y buenas maneras conmigo, pero sólo eran un barato consuelo que yo recibía a cambio de sus caras demandas. Me fui sintiendo culpable de ser quien era, de hacer lo que hacía, y me llegué a sentir la villana de mi cuento.

La confusión habitaba en mi cerebro. Por un lado sentía amar a Patricio y que sin él mi vida perdería sentido. Pero por otro le temía. Creía que con el paso del tiempo dejaría de buscar en otras mujeres lo que yo le daba. Eso no sucedía y cuando llegué a reclamar algo al respecto, los insultos y los empujones —o incluso golpes— no se hacían esperar. Lo amaba y le temía a la vez. Pero no podía vivir sin él. Cuando Carmen me amenazaba con contarle lo nuestro, pasaba noches en vela con el rosario en la mano rezando hasta el amanecer, pidiéndole a Dios que me perdonara y que me mostrara el camino para sacarme del alma la penuria y el lamento.

Patricio decía que yo era su novia. Carmen también. Y entre esos noviazgos paralelos caminé a la orilla del precipicio durante seis años.

Terminamos el bachillerato y todos tomamos nuestros rumbos. Patricio entró a estudiar leyes y yo mercadotecnia. Ambos en universidades privadas de la ciudad. Nuestros padres no podían costearnos estudios en instituciones foráneas, pero Carmen sí se fue a otra ciudad para estudiar biología. En ese tiempo sus visitas se hicieron menos frecuentes, pero cada dos o tres semanas que regresaba a ver a su familia, me buscaba y sucedía lo inevitable. Regresaba por su dosis de amor. Cuando uno vive relaciones tóxicas termina enferma. Llegué a extrañarla, incluso a sentir que la necesitaba, que la quería. Pero mi sexualidad se fue clarificando con el tiempo y definitivamente no había una atracción física hacia ella. A pesar de no tener sexo de calidad con Patricio mi cuerpo respondía distinto con él. Me gustan los hombres, de eso estoy convencida.

Una bendita tarde llegó Carmen a verme y me dijo que no quería que le contara a nadie nuestro secreto, que se iría a Alemania, que se había enamorado de una investigadora que conoció en un curso de la facultad y que abandonaba la universidad. Allá buscaría la manera de retomar sus estudios, que siempre me recordaría. Sus padres sufrieron mucho con su decisión y yo sentí felicidad.

Patricio y yo nos casamos un mes después de su graduación. Ambos, profesionistas y listos para una vida en común. Por fin me sentí digna y recompensada. Había logrado con el sacramento del matrimonio transformar mi vergüenza en algo respetable. Me casé con el amor de mi niñez, de mi adolescencia, de mi vida entera. Y entonces me vi al lado de un esposo adicto al alcohol, a las mujeres, y agresivo. Mi calvario cambió de estado civil, pero prosiguió.

Entré a trabajar a una embotelladora en el área de mercadotecnia mientras que Patricio desfiló por varios despachos
legales. No duraba en ningún empleo, de todos lo corrían,
ninguno le gustaba. No lo valoraban, decía. Y me exigía el
dinero que yo ganaba, se lo gastaba en cantinas y en mujeres. Desaparecía por días de la casa, para luego regresar y
golpearme. Se le hizo hábito desquitar su frustración en mi
cuerpo. Padecí violencia física, mental, sexual, económica,
emocional. Perdí mi salud y mis deseos de vivir.

Entonces quedé embarazada y ese ser que comenzó
a crecer en mi interior me proporcionó la fortaleza para luchar. El día que nació mi hijo Salomón, yo renací.

Él me dio un gran regalo: el valor. Me sentí valiente y,
por primera vez en mi vida, no me quedé callada. Patricio
andaba borracho el día del parto. En el hospital me sinceré
con mis padres sobre mi matrimonio. Ellos sabían que tenía
problemas, pero no a ese grado. Siempre oculté con maquillaje mis moretones y con silencio mi lamento. Mi hijo me
hizo valiente y ahí mismo pedí ayuda, a mis padres, a una
trabajadora social del hospital, y me enfrené al demonio
que a final de cuentas ni resultó tan diablo.

Luché por mi divorcio como fiera, irreconocible para
mi espejo y para mis familiares y amigos. Una nueva Elisa
tomó las riendas de su vida y, con el cuerpo de pie, portan-
do dos tatuajes indelebles, asumió su vida y optó por buscar
la felicidad. Resucité.

Mi hijo crece sano, lejos de un padre que ha seguido
entre mujeres y alcohol dando tumbos por la vida. Ni si-

quiera busca a Salomón para felicitarlo en su cumpleaños, y quiero pensar que eso ha sido mejor que verlo llegar alcoholizado. Dicen que se va con frecuencia a Estados Unidos y trabaja en lo que puede, que tiene más hijos con otras mujeres, que no ha cambiado, que ha perfeccionado su estilo de vida disipado y decadente. Hierba mala nunca muere, y hasta echa retoños.

Carmen vivió por muchos años con la investigadora alemana —lo supe por sus familiares—, después se enamoró de una rusa y se fue a Moscú; aseguran que a veces viene a México por días, que consume droga, que ya no coordina sus ideas con claridad y que sigue siendo rebelde, violenta y soberbia. Y jamás me ha buscado ni ha preguntado por mí, algo que agradezco al destino. Me dejó marcada para siempre, aquí conservo aún ese tatuaje en la piel de mi memoria.

Han pasado doce años de mi divorcio. Trabajo, tengo un hogar digno para mi hijo y me siento libre de ese pasado.

Llevo en la piel de mi espíritu esos dos tatuajes, el de Patricio y el de Carmen, de esos dos amores tóxicos, enfermos, disolutos, impúdicos. Los quiero desvanecer, pero aparecen, y aunque son cada vez más tenues, aquí están, impresos en mi conciencia. Pero la vida sigue y la esperanza de deshacerme de ellos persiste. He tenido un par de relaciones amorosas que no se han concretado bien tal vez porque no he sanado del todo. Mi deseo es estar sana de ese pasado lastimoso y que esos tatuajes se conviertan en ligeras cicatrices que sean testimonios de la batalla que he librado.

Mientras eso sucede ya no le llamo amor a lo que le llamé en el pasado. El amor verdadero es el que empieza por uno mismo, la capacidad de valorarse y amarse, de respetar su alma y su cuerpo. Lo intento día a día, veo mi figura reflejada en los amorosos ojos de mi hijo y me recuerdo que soy valiosa y que merezco ser feliz. He tomado terapia para sanar y de la religión tomo la fe para continuar.

Hay personas que se van de nuestra vida y nos dejan tatuajes, marcas, rasguños. La memoria se llena de desolación cuando las recordamos. Pero también hay gozo, porque son personas del pasado, que ya se han ido, y el presente es mejor sin ellas.

CUANDO ME ACUERDO

Si no se rompe, ¿cómo logrará abrirse tu corazón?
KHALIL GIBRAN

 ahí voy otra vez. YouTube y yo buscando canciones para acordarme de ella. No me vengan a decir que ustedes no lo han hecho.

O se reprimen o lo niegan.

Hay un extraño y masoquista placer en escuchar música que te recuerda un viejo amor. Y hay canciones para todo. Para el amor que fue mal correspondido, para los que fueron secretos, para los compartidos, y para los que nos pagaron con una traición. Busquen y encontrarán de todo, pasen por Emmanuel, Camilo Sesto y Sin Bandera, pero no se olviden de José Alfredo Jiménez ni de los Ángeles Azules. Hay tantos amores escondidos entre canciones que muchas *playlists* deberían titularse: *Para cuando me acuerdo*. Y para no llorar agarro canciones y no piedras.

Ayer, por ejemplo, me puse a escuchar en modo repetición la canción que canta Alejandra Guzmán que se llama "Mi peor error" y me acordé de Lucila. Si no la conocen, vayan y búsquenla en YouTube para que entiendan mejor la historia que les voy a narrar.

Lucila apareció en la clase de administración e impactó a todo el grupo. Guapísima, con unos jeans ajustados que no dejaban nada a la imaginación del contorno de su cuerpo. Muslos largos y firmes, y una cintura de sesenta centímetros —según mis cálculos— y después según mis manos. Su cabello castaño hasta los hombros brillaba. Toda ella brillaba. Y hacía brillar a todo el que se le acercara. Porque junto a Lucila todo era luz. Luz intensa cuando reía, luz intensa cuando se te quedaba mirando directo a los ojos. Cuando comenzaba a hablar venía lo peor. Inteligencia y belleza adentro de ese cuerpo hermoso. Y ahí voy yo, Sergio Urrutia, oriundo de Chihuahua, acostumbrado a someter mi cuerpo al extremo calor y al extremo frío, echado para adelante y sin temor a nada. Mujeriego empedernido y negado a la negación. Porque no me gusta el *no*, a mí siempre me ha gustado el *sí*. ¿Cómo me iba a decir *no* esa muchacha? La hice reír desde la primera clase, y no hay mejor manera de entrar al cuerpo de una mujer que por la sonrisa. Por ahí me fui, y luego la invité a salir. Y que me dice:

—Hoy no, mi novio vendrá por mí.

¡Uta!, en lugar de desinflarme, me inflé más. Además de tener que ganarme su amor, tendría que batear a un novio. Me atraían las faenas difíciles. Le contesté:

—No me importa, no soy celoso, los invito a los dos.

Ella sonrió y yo me dije: "Ya chingaste, Sergio".

Y seguí insistiendo con la invitación, a la que se negó tres veces, pero en la cuarta accedió. La llevé a un buen restaurante, uno de esos donde ponen servilletas de tela y cinco cubiertos para escoger uno según el platillo. Ahí la hice reír otra vez, porque tuvo que enseñarme a usarlos. Pero entré por la puerta grande a su vida, por la puerta del humor, de la alegría, y así era Lucila cuando estaba conmigo: alegre, feliz. La bronca fue que yo también.

Cuando me acuerdo tengo que aceptar que nunca había sido tan feliz al lado de una mujer como lo fui con ella. Ha sido la única a la que he traído en la mente desde el amanecer hasta el anochecer. La única que se metió a mis sueños y después a mis pesadillas. Pero así es uno de valiente cuando anda caliente… y salí quemado.

Lucila empezó a andar con los dos. El trajeado de su novio, Alonso, era el oficial y yo su charro, su desvelo, con el que platicaba hasta altas horas de la noche después de hacer el amor y de despedirla en su auto. Nunca me dejó acercarme a su casa ni a su familia ni a invadir su privacidad. Yo era su secreto y ella era mi diosa. Me enamoré como dicen que se enamoró un tal Romeo de una Julieta. Con todos los vientos en contra, me sentí poderoso y, por más que soplaba para poner las velas a mi favor, el maldito barco seguía su curso. Pero no podía salirme de su vida ni de sus muslos ni de sus ojos ni de su sonrisa. Quería quedarme a vivir ahí adentro de ella, escondido, aunque nadie me viera. Aunque no pudiera gritar al mundo lo enamorado que estaba de esa muchacha.

En ese tiempo yo tenía una refaccionaria en el centro de Chihuahua —que estaba ubicada a cinco cuadras de la universidad donde estudiábamos la maestría— y, recargado en el mostrador, me tocó ver varias veces cómo pasaba en el carro de su novio rumbo a la escuela. Los veía y me hervían los intestinos, me daban ganas de brincar ese mostrador y salir corriendo tras ellos para bajarlo a madrazos y decirle que Lucila era mía. Así de loco estaba. Hay amores que lo llevan a uno de la mano hasta donde vive la locura y uno se deja conducir como pollito al asador. Muy dentro de mí habitaba la esperanza de que un día mi princesa me dijera: "Te prefiero a ti; he terminado con Alonso y ahora soy tuya, Sergio". Acostumbrado a tomar lo que me gustaba, no medí las consecuencias y me topé con la horma de mi zapato. Me salió el tiro por la culata.

Había tenido muchas novias, como doce antes que ella. Pero ninguna me apretujó el corazón como Lucila. Se adueñó de mi voluntad y de mis sentimientos. Me enamoré como idiota y creí que con tanto amor que salía de mi corazón ella se decidiría por mí. Terminamos la maestría —que duró dos años— y tuve que asistir a nuestra graduación y verla bailar toda la noche con Alonso. Desde mi mesa

—a lo lejos y con el hígado retorcido— la observaba sonreír y platicar con su familia y sus amigos agarrada de la mano del noviecito oficial. Me dio diarrea y fiebre, pero aguanté como los machos. Porque en verdad la amaba y no quería perderla. Porque fue tan poderoso lo que en mi alma nació a partir de sus besos, que no quería hacer nada que la pudiera meter en problemas; era tanto mi amor que prefería consumir amargura y demostrar paciencia. Todo lo necesario para poder seguirla acariciando, besando y sentirla unas horas mía. Le regalé cien peluches, le mandé flores, le compré todo lo que me pedía: ella era mi reina y yo su vasallo. Nunca nos cacharon en la movida. Siempre fuimos cuidadosos. Ante los compañeros actuábamos el papel de súper amigos. Ahí está una de las claves que detecté: cuando una mujer no te saca de la zona de la amistad es porque ahí quiere que te quedes para siempre, aunque tengas derechos especiales. Y si se te ocurre querer brincar la barrera y meter un pie en la zona del amor oficial, la pierdes. Así que seguí como el amigo amoroso, como el amante perfecto, y ella con su novio de años. Porque llevaban juntos cuatro años cuando yo la conocí, más dos que pasé a su lado compartiendo sus labios, fueron seis años. Seis años y dos meses después de haber terminado la maestría, ahí sentadito en mi oficina, me acuerdo muy bien, recibí una llamada de Lucila:

—Me voy a casar, Sergio, tenemos que hablar.

Nos vimos esa tarde en un hotel del norte de la ciudad. Y no me da pena lo que les voy a decir: lloré, supliqué que no me dejara, que pensara bien lo que iba a hacer, me arrodillé ante ella. Nada sirvió. Su decisión estaba tomada, y ya no quería volver a verme.

Y se casó.

Un día antes de su boda mandé un ramo de flores a su casa, dándole las gracias por todos los momentos felices que me dio.

Después trágate este sapo: tuve que fingir felicidad con nuestros compañeros de maestría, que no dejaban de decirme lo entusiasmados que estaban de haber sido invitados a su boda. Y yo sin invitación. Nadie se enteró de todo lo que tuve que esconder adentro de mis tripas en esos días. Fui a presenciar su casamiento, así de masoquista me volví. En un rincón de la iglesia la vi salir del brazo de Alonso convertida en su esposa. ¡Ah qué hermosa se veía vestida de novia! Salí de ahí y me fui a casa, en donde lloré, me puse borracho y canté canciones de despecho. Empecé con "Ella" de José Alfredo Jiménez y terminé con la de "Golpes en el corazón" de los Tigres del Norte. La ventaja de vivir solo —mis padres radican hasta el día de hoy en Delicias— me dio la posibilidad de vivir mi dolor junto a mis botellas y mi música. Nunca le dije a nadie lo que me estaba pasando. Sufrí a solas, a escondidas, como lo hacen los amantes, como lo hacen los amores clandestinos.

Durante ese tiempo andaba tan sensible que hasta las canciones de Yuri me hacían llorar. Válgame Dios, cuando me acuerdo no sé si reír o conmiserarme.

Pero el tiempo pasó y ese amor no me mató, sólo me dejó cicatrices y recuerdos. Lucila y Alonso se fueron a vivir a San Antonio, Texas, y yo grité varios aleluyas al cielo pues por lo menos ya no me la encontraría seguido. Porque cuando la llegué a ver con su marido en algún restaurante o alguna reunión, otra vez me daba el bajón y terminaba encerrado en mi recámara tomando vino y escuchando canciones.

El tiempo me hizo comprender que cometí un error al enamorarme de una mujer que tenía su corazón reservado para otro. Me di cuenta de que ella nunca me amó con la misma entrega que yo. Que para Lucila fui un pasatiempo, que le di algo que le faltaba, pero que no era indispensable. Que ella tenía otras prioridades en su vida y que yo debía admitir que me puse de pechito para que me atropellara con sus encantos.

Me dejó marcado de mal modo por un tiempo, porque me hice más mujeriego y más insensible con las mujeres. En todas las que se me acercaban veía el peligro del abandono. No le daba oportunidad a ninguna de demostrar sus intenciones genuinas de conocerme, de amarme. Rompí corazones a varias, porque el mío estaba roto, y quería que alguna de ellas pagara por lo que me hizo Lucila.

Sin embargo, con el tiempo comprendí que en esta historia no había más responsables que yo mismo. Acepté entregar mi corazón y me lo regresaron roto. Pero, a final de cuentas, supe que poseía un corazón, y antes de Lucila no lo sabía. Tuvo que rompérmelo para darme cuenta de que sí era capaz de amar intensamente. Así de dura fue la lección, pero la aprendí.

Hoy Lucila es cosa del pasado. Mantengo una relación de varios meses con Alejandra, una mujer trabajadora y divertida. También bella e inteligente.

Cuando me acuerdo, escucho canciones, y más de una me llevan hasta Lucila. Las escucho en un acto nostálgico y masoquista, pero ya es sólo eso: un recuerdo. Ya no forma parte de mi presente, se quedó a vivir en el universo de mis ex, como la que más me hizo sufrir, pero debo admitir que Lucila nunca me mintió, ella desde un principio dijo: "Tengo novio", yo fui el que aceptó el reto de aventarse del trampolín más alto a una alberca sin agua. Tuve que juntar mis pedazos para llegar más entero a una nueva relación.

Cuando me acuerdo me doy cuenta de lo caro que pueden costar algunos errores, pero también cometerlos es de humanos y es una manera de recolectar sabiduría, esa que no se aprende en libros ni en colegios, esa que se aprende equivocándose. De esa agua no vuelvo a beber, pero sí seguiré escuchando canciones, porque entre las letras de un compositor cualquiera habitan amores de todos colores y sabores. Amargos y dulces, desgarradores y eternos, amores efímeros y amores persistentes, amores que matan, amores que murieron, amores que te deshicieron las entrañas, amores que te hacen más fuerte.

Cuando recuerdo a Lucila, me acuerdo de mí cometiendo un error. Y Lucila y mis errores me gusta que estén en el pasado. Los desamores y los errores son mejores cuando quedan en el pasado. Te los trae a la memoria una canción, la escuchas, rememoras y cantas.

"Ya pasó" es una frase que da calma. ¿Dolió?, sí. ¿Aprendiste algo?, sí. Entonces a poner música y a recordar, que para eso sirve el pasado, para acordarse, no para volverse a vivir.

TAN PERRO Y SIN CORREA

Somos fácilmente engañados
por aquellos a quienes amamos.
MOLIÈRE

ada vez que me acuerdo de todas las frases de My Dog vuelvo a sentir ganas de vomitar: "Eres la única", "como tú nadie", "eres la luz de mis ojos", "soy sólo tuyo…" ¡Bah! My Dog, así le digo a Octavio desde que pasó a ser mi ex novio. Ex: ya no es, ya fue, pasado. Y honestamente quisiera no acordarme de él, pero no lo puedo evitar. ¿Por qué? ¡Pues porque muchos me lo recuerdan! Me lo recuerda el novio de mi mejor amiga, Paty, que acaba de ponerle el cuerno. Me lo recuerda el papá de mi amiga Lucha, al que recientemente descubrieron con una amante veinte años más joven que él entrando en un motel. ¿Todos los hombres son iguales? Quiero pensar que no. Deseo de corazón que por ahí haya varones con más conciencia de lo que es amar a una mujer y que también tienen más sesos que pene.

La historia de My Dog es muy frecuente. Un tipo que aparece en la vida de una chava y la enamora. No, creo que estoy siendo injusta. La historia de un tipo que aparece en la vida de una chava que lo idealizó y terminó decepcionada. Creo que así está mejor. Octavio entró al bar con su chaqueta de cuero negro y sus ajustados *jeans*. Un rizo rebelde le caía sobre la frente y sus dientes, ¡ay, esos malditos dientes!, le dibujaban una sonrisa que desarmaba. ¡Uf! Y ahí va y se me acerca, pregunta mi nombre. Pestañeando como vaca y utilizando mi más sensual tono de voz le respondí:

—Camila Munguía.

Y ahí se jodió todo. ¿Por qué demonios los conquistadores como My Dog no llevan un letrero en el pecho que diga: "Sólo para divertirse"? Pues no, ahí voy yo a enamorarme de la cabeza al dedo meñique del pie.

Encantador, divertido, y cantándome al oído la canción de "Bandido": "... Yo seré un hombre por ti... seré tu amante bandido... corazón... corazón malherido". Y así exactamente sucedió. Bandido encantador que me dejó malherida. Yo también soy responsable; debo admitir que hubo sexo desde la primera noche. Todos los consejos de mi madre y mis abuelas los dejé en la más remota zona de mi mente e ignoré lo que tanto me recalcaron: que no entregara el tesoro a la primera porque pierde valor. A mis veinticuatro años y las ganas de sentirme adorada —más los siete vodkas que tomé— claro que fui a su departamento y ahí comenzó una de las historias de amor más pasionales y escabrosas de mi vida. Porque de que hubo pasión, la hubo, y mucha. Pero también hubo descalabros y tropezones que me dejaron el corazón raspado… muy raspado.

Había tenido tres novios antes que Octavio, pero en nada se comparaban con él. Los anteriores eran o más feos o más aburridos. Tal vez por eso los dejé. Dicen que todos en algún momento de la existencia sentimos necesidad de tragar adrenalina pura y creo que Octavio me encontró justo en esa etapa.

Trigueño, cuadritos en la panza, trasero de estríper y voz de locutor de programas eróticos —no sé si existan esos programas en la radio—, el caso es que cada vez que me hablaba por teléfono una humedad traicionera se apoderaba de mi tanga. ¿Cómo puedes escapar a ese costal de encantos? Fui directo hacia el abismo de sus besos. Porque, además, su forma de besar era voluntariosa y posesiva, me hacía sentir suya, entregada a plenitud a las sabrosas sensaciones que me provocaba su cuerpo dentro del mío. Mi amiga Paty dice que fue mi "amor lujurioso". Yo tengo un toque romántico en mi manera de pensar —no lo niego—, por eso prefiero afirmar que fue mi amor más pasional e intenso y así me siento mejor conmigo misma, porque la lujuria es un pecado y el amor no. Y lo que yo sentí por Octavio verdaderamente considero que fue amor.

Nos volvimos inseparables, íbamos juntos a todas partes. Lo acompañaba a hacer sus diligencias como representante ejecutivo de una agencia de publicidad muy reconocida de Puebla. Octavio, por su parte, me acompañaba a todos los compromisos de trabajo a los que podía asistir conmigo, en aquella época yo me desempeñaba como relacionista pública de un político de la ciudad.

Jóvenes iniciando nuestro camino profesional y, además, divertidos; nos hacíamos reír uno al otro con frecuencia. No sé cómo ni de dónde sacó el tiempo para hacer lo que me hizo. Al año y medio de relación comenzamos a vislumbrar la posibilidad de vivir juntos. Yo no creía en el matrimonio, y menos él; muchas veces externamos que no necesitábamos un papel para permanecer unidos. Papelón el que armé a su lado cuando descubrí de qué estaba hecho en realidad. Lo peor de todo es que fui la última en enterarme.

Lucio, el mejor amigo de Octavio, encendió mi radar. Una noche, durante la fiesta de cumpleaños de mi amiga Paty, me dijo:

—Camila, ¿te he dicho antes que eres una mujer muy inteligente, hermosa y que te mereces algo mejor?

—*What*? ¿Tomaste mezcal de más o qué te traes con esa pregunta? —respondí sorprendida, pues Lucio siempre había sido muy reservado conmigo. Me sonó muy raro su comentario.

—Perdón, pero es la verdad. Eres una chava muy lista, pero creo que debes repensar tu relación con Octavio. Es mi amigo y lo respeto, pero pienso que tú eres mucho para él.

Le di las gracias y comenté que lo iba a pensar. Me alejé rumbo a la barra para pedir otro *shoot* de tequila. En ese momento vino a mi mente que Lucio estaba tomado y que intentaba ligarme. Pero me llevé su comentario esa noche a la almohada y lo repensé. Y sí, encendió mi radar. Un par de semanas después nos encontramos con Lucio en una reunión e insistió de nuevo:

—Camila, ¿has reflexionado acerca de lo que te dije la otra noche?

—¿Eh? ¿Otra vez con eso? A ver, por qué no me lo dices más claro, Lucio, ese comentario fue muy confuso, no entiendo qué pretendes —le contesté.

—Sólo pretendo que analices tu relación. Octavio es mi amigo, pero debo admitir que he llegado a estimarte, a admirarte por ser tan trabajadora y por luchar por lo que quieres, y creo que Octavio no valora como debe todo lo que eres y llevas a cabo.

Le agradecí de nuevo y tuve que retirarme porque unas amigas me llamaron justo en ese instante. Pero otra vez me llevé esos comentarios del amigo de My Dog a mi habitación y en la noche les di vueltas y vueltas. Entonces comencé a tomar cartas en el asunto.

Obviamente lo primero que hice fue *stalkear* las redes de My Dog, y entonces me di cuenta de que tenía muchos *likes* de mujeres que yo no conocía, pero también de conocidas mías e incluso dizque amigas. Hubo algo que me llamó la atención: mi amiga Úrsula —una compañera de la universidad— le daba *like* a todo. Cuando digo todo, es a todo lo que My Dog publicaba, así se tratara de un meme estúpido o de una nota con consejos de cómo amarrarse la corbata más rápido. También puse en el buscador de Facebook: "photos liked by my boyfriend" y ¡ándale!, que me aparecen cientos, miles de fotos de mujeres a las que Octavio les daba *like*, casi todas de chicas en bikini, o con expresiones sensuales en sus poses. Entonces puse: "photos commented by my boyfriend" y ¡uff! Ahí encontré una colección de comentarios de My Dog en cientos de imágenes de chicas: "qué linda", "bella", "eres hermosa", "wow", y qué decir de la cantidad de *stickers* de monos con ojos de corazón que complementaban sus comentarios. ¿Qué sentí? ¿Qué pensé en ese momento? Me temblaron los dedos en el teclado y mis ojos se pusieron brillosos. Mi corazón comenzó a sentir rasguños de decepción.

Sin embargo, no dije nada. Los días siguientes traté de fingir que todo estaba bien. Cuando uno se propone buscar, encuentra, y yo seguí hallando cosas. Nunca antes se me había ocurrido revisar los cajones de su departamento y mucho menos checar su computadora. Lo hice. Aprovechando que él dormía, una noche entré a su computadora y, además de descubrir varias conversaciones con chicas en su Facebook, también descubrí que era adicto a la pornografía. Su computadora no tenía contraseña, y dejaba abierto su Facebook, ¿saben por qué? Pues porque durante casi dos años de relación yo le había demostrado que lo amaba, que confiaba en él, que no tenía nada qué temer a mi lado porque yo creía en él y además consideraba ruin hacer algo como eso. Pero tuve que hacerlo, y sí, como dicen las abuelas: la que busca, encuentra.

En uno de los cajones de su clóset encontré unas tangas rojas que no eran mías. En un cajón de la cocina un par de aretes que tampoco me pertenecían. Octavio no tenía hermanas, era hijo único. Y a esas alturas de lo que estaba descubriendo, parecía que tampoco tenía madre.

Lo peor vino cuando con tanto dolor en mi pecho, y sin tener aún el valor suficiente para confrontarlo, decidí confiárselo a mi amiga Paty.

—Creo que Octavio me engaña, amiga; he hallado objetos de mujeres en su departamento y su comportamiento en redes me ha dolido hasta el alma —confesé sollozando.

—Amiga, ya era hora de que lo supieras —respondió y encendió un cigarro.

La tarde resultó demasiado corta para platicar de tantas cosas que yo ignoraba. Paty, al igual que Lucio, se habían mantenido en silencio porque no querían provocar problemas con nosotros. Pero ellos y muchos otros de nuestros conocidos y amigos ya sabían de las andanzas de My Dog. Incluso me confirmó que lo habían visto en varias ocasiones con Úrsula —sí, a la que le daba *likes*— en bares y cafeterías, muy acaramelados.

Yo no fumaba, y esa tarde fumé. Yo casi nunca lloraba, y esa tarde lloré desconsolada. Yo no había sufrido por un hombre, y esa noche sufrí por Octavio como nunca antes en mi vida.

Llegué a mi casa, me tomé un Valium y, al día siguiente, al despertar, tenía veintisiete llamadas perdidas de Octavio, más catorce mensajes de WhatsApp y tres mensajes en Facebook. Lo cité en mi casa. Yo vivía con mis padres, pero afortunadamente se encontraban de viaje en Chiapas; y ahí, en la sala, sentados uno al lado del otro, le pregunté:

—¿Por qué me hiciste esto?

Está de más comentar que mis lágrimas rodaban por mis mejillas y absorbía los mocos en cada suspiro. Sollozaba.

—¡Son sólo amigas! ¡No significan nada para mí! ¡Es sólo un juego!

—¿Un juego, perro? ¡Estás enfermo! ¡Yo te amaba con toda mi alma! ¿Cuántas veces, Octavio? ¿Con quién? ¡Quiero saberlo todo!

Y sí, con esas preguntas obviamente venían respuestas desgarradoras, pero ahí voy de masoquista con tal de no quedarme con dudas.

Comenzó a decirme que sólo tres veces con Úrsula, que una vez en Puerto Vallarta cuando acudió a un congreso de publicidad con una tipa que conoció por Facebook, y etcéteras. En total siete cuernos y vayan ustedes a saber si me los confesó todos. Hubo un momento en que le dije que parara y que con esa información me quedaba tranquila. ¡Ajá! Como si fuera tan fácil quedarme tranquila después de eso, pero uno afirma cosas así para salir del paso. No quise abundar en el cibersexo ni en el envío de *nudes*, porque ya eso representaba demasiado dolor para mí.

Esa tarde, My Dog salió de mi casa y de mi vida. Con sus *jeans* ajustados, su trasero de bailarín y sus rizos revueltos enmarcando su sonrisa de comercial de pasta dental. Y ahí permanecí sentada, tomando Valium y escuchando: "Seré tu amante bandido, bandido... corazón, corazón malherido".

De amor uno siente que se muere, pero no se muere. Con el pedacito de dignidad que me quedó, salí a comprarme tacones nuevos y me subí en ellos para con la cabeza en alto seguir caminando por mi vida. Ningún perro sin correa iba a poder más que mi dignidad. ¡No, señor! Me miré al espejo y me recordé a mí misma que soy hermosa y que la vida sigue. Y aunque dolía al caminar, seguí caminando, y caminando. Hasta que un buen día mis pasos volvieron a ser seguros y firmes. Así como un buen día me enamoré como loca, un día cualquiera dejó de dolerme.

My Dog se encargó de darme más razones para olvidarlo, porque no había pasado ni un mes de nuestra separación cuando ya tenía otra novia. Y no, no fue la Úrsula que están pensando. Una tal Lupita que no sé de dónde salió. Tal vez de Instagram. Qué bueno que no nos fuimos a vivir juntos, qué bueno que me di cuenta de todo el engaño a tiempo.

A veces uno tiene que pasar por un perro sin correa para llegar a conocer a uno fiel. Perdonen si utilizo el término *perro*, pero me gusta seguir diciéndole My Dog, porque evito pronunciar su nombre. Durante mucho tiempo viví con la sensación de que todos los hombres eran iguales, me sentía insegura, y cuando algún tipo se me acercaba para entablar algo más que una amistad, levantaba un muro protector y le impedía la entrada. Me concentré en mi trabajo, en mi familia, en mis amigos. Lucio me buscó tiempo después y le di las gracias porque, a pesar de ser amigo del perro, tuvo la nobleza suficiente para ponerme alerta. Se lo agradezco hasta el día de hoy.

Un par de ocasiones me he topado con My Dog, pero siempre va de la mano de alguna ilusa que, como yo, cae rendida en la trampa, porque si existen hombres como él es porque hay mujeres como yo, que creen ver lo que no existe, idealizan y se arrojan al precipicio y al gozo, aunque luego venga la caída libre.

—Camila, soy yo, Octavio, te extraño —escuché al otro lado del teléfono. Eran las dos de la madrugada, y era My Dog borracho, llamándome de un número que yo no tenía registrado.

—Me da mucho gusto que me extrañes, perro —dije y colgué.

Bloqueé la entrada de llamadas a mi teléfono de ese número y me dormí enseguida. Su llamada ya no me robó el sueño, su recuerdo no alteró mi corazón. Un ex novio como él no se olvida, pero sí se supera. Una experiencia como la que cuento me ha dejado una cicatriz, pero ya no está la herida abierta. La ha cerrado el tiempo, la dignidad y la conciencia de que uno a veces tiene que vivir relaciones así para ir puliendo los pasos en la danza del amar y ser amado.

ES MI EX Y NO LO SABE

Ofrecer amistad a quien pide amor es
como ofrecer pan al que se muere de sed.
OVIDIO

bservé su fotografía y ya no sentí lo mismo. Pero recordé lo que me hacía sentir.

En una época de mi vida, Ricardo fue mi amor absoluto. Saber que existía llenaba de luz mis días y de estrellas mis noches. Trabajábamos en una pizzería. Él era el administrador y yo, una simple mesera. Él con veinticinco años y yo con diecisiete. Entré a trabajar el turno de la tarde, pues por las mañanas estudiaba la preparatoria y mi escuela quedaba a un par de cuadras. La situación económica en mi casa era complicada. Seis hijos y una madre viuda. Mi padre había muerto en un accidente automovilístico cuando yo apenas contaba con diez años, así que todos teníamos que aportar a la casa y mis dos hermanos mayores y yo decidimos tomar empleos de medio tiempo mientras mi madre laboraba en una maquiladora. Zapotlanejo es un pueblo colorido, aunque pequeño, así que todos nos conocemos o nos saludamos en la calle. Las caras de los lugareños nos son familiares y es común que nos topemos por las calles a las mismas personas varias veces al día. Y yo me encontraba a Ricardo en la plaza, en misa, y a partir de que entré a trabajar en esa pizzería, podía mirarlo durante horas. Fue plan con maña, como dicen. Acudí al negocio a ofrecerme como ayudante de cocina, y el dueño —tío de Ricardo— me dijo que lo que necesitaban era una mesera. No me importó, pues yo deseaba un poco de dinero y estar cerca de ese muchacho trigueño con ojos negros y gruesas cejas que me había robado el pensamiento desde la primera vez que lo vi caminando por la calle.

Llegué feliz a mi casa, emocionada por haber entrado a trabajar a la pizzería, y aunque mis hermanos se enojaron porque consideraban que se trataba de un empleo en el cual me podía faltar al respeto más de un cliente atrevido, yo defendí mi derecho de hacer lo que se me diera la gana y cada tarde salía de la escuela, me pintaba los labios, me peinaba, me arremangaba la falda en el estómago para que me quedara más corta y dejara ver mejor mis piernas. Quería que Ricardo se fijara en mí. No me importaba que tuviera novia. No me importaba que fuera un amor imposible. Con amarlo me bastaba.

Mi juventud, mis hormonas, mi mente fantasiosa y mi entorno familiar complicado ayudaron a que pensar en Ricardo se convirtiera en mi refugio y en mi felicidad. Verlo me hacía feliz. No me importaba si se hallaba de mal humor y me hablaba de manera fría, tampoco si cuando llegaba ni siquiera levantaba la vista de la computadora cuando me saludaba. Todo lo que él hacía, tenía una razón. Tal vez tuvo un problema en su casa, o su flacucha novia lo enfadó. Todo le justificaba porque para mí era perfecto. En más de una ocasión me encerré en mi recámara y me desnudé frente al espejo, acariciando mi cuerpo, imaginando que eran sus manos las que me recorrían. En mis noches de insomnio escuchaba baladas románticas y pensaba en él. Podrían sumar años todas las horas que pasé imaginando situaciones de intimidad con él.

Solamente mi amiga Lourdes sabía mi secreto. Me tildaba de loca porque también para ella mi amor por Ricardo era algo imposible.

Después sucedió algo trágico que me originó una depresión incomprensible para mi familia y mis amigos. Ricardo se fue a Estados Unidos a trabajar con otro tío que tenía restaurantes en Oakland, California. Eso no fue lo peor. Se casó antes de irse con la flacucha de su novia de siempre. Sentí que me arrancaban el corazón y lo ponían a asar a fuego lento. Ya no podría verlo, ya no tendría la posibilidad de saludarlo de mano ni de escuchar su voz. Me la pasé llorando por todos los rincones de mi pueblo. Benditas redes sociales que me ayudaron a dar con él. Me aceptó entre sus contactos como quien acepta a una simple conocida. Ni un *like*, ni un saludo. No lo abordé por este medio y él menos. Pero Facebook fue una ventana para estar informada sobre su vida, de modo que me enteré de que tuvo una niña, de que se mudó de Oakland a San Francisco y de que se asoció con un amigo para abrir juntos un restaurante de comida rápida. Su éxito me hacía feliz. Lo amaba tanto que mi vida real se mezclaba con la suya, al grado de que muchas decisiones que tomé en esos años fueron pensando en él.

Salí de la preparatoria y entré a estudiar inglés para que cuando fuera a Estados Unidos lo apantallara dominando ese idioma. Conseguí un trabajo en una agencia de viajes del pueblo y ahí obtuve la experiencia necesaria para trasladarme después a Guadalajara a una agencia más grande. Me superé en muchos sentidos, comencé a tomar cursos de todo lo que me ayudara a ascender en mi empleo y también tomé cursos de cocina para que cuando me reencontrara con Ricardo, pudiera ayudarle en sus restaurantes. Así de intensa era mi fantasía y así de intensa yo.

Tuve un par de novios en Guadalajara, pero siempre los comparaba con Ricardo. Los pobres salían siempre perdiendo al lado suyo. Pasé por la etapa de no querer tener sexo con ninguno para conservar mi virginidad para mi amor imposible. Después por la etapa de "tengo que tener sexo antes, para aprender y que pueda hacerlo feliz en la cama". Sobra decir que cada vez que mantenía relaciones sexuales imaginaba estar con Ricardo. Toda experiencia significaba un entrenamiento preparatorio para cuando se diera el gran encuentro. Ensayos. Un posible escenario que imaginé, era el de enviarle un mensaje a su Facebook diciéndole que iría a San Francisco de vacaciones y que quería saludarlo. Entonces lo citaría en un lugar —que había encontrado en internet y que consideré apropiado para un encuentro romántico— y cuando él me viera entrar se quedaría con la boca abierta. Rosa María García, con el cabello pintado de rubio, una minifalda negra y una blusa escotada, zapatos de tacón y bolsa elegante. ¡Ajúa! Y ensayaba frente al espejo los atuendos y el tono de mi voz hablando en inglés. Así de loca, como una cabra corriendo por el monte. Eso parece una mujer obsesionada por un amor cuando camina sobre sus disparatadas fantasías. Esa era yo enamorada de Ricardo.

Otro escenario posible implicaba abordarlo de sorpresa, llegar a su restaurante y dejarlo impactado con mi cambio. Asombrado con la desaparición de la mesera pueblerina y poco llamativa que se había transformado en una ejecutiva bilingüe, rubia y bien vestida. Durante años *stalkeé* sus redes, y a pesar de que comencé a subir fotos con mi nueva apariencia y presumiendo mi nueva vida, creo que Ricardo jamás se percató de ello, ni un *like* ni un hola ni nada que me hiciera pensar que podía estar al tanto de mi vida. La que se mantenía atenta a su historia era yo, leyendo cada capítulo que dejaba plasmado en fotos o frases. A todo le daba *like*. Yo amándolo en secreto y él ignorándome. Así de embrutecida.

Mi vida daba vueltas alrededor de la suya. Mi amor platónico, imposible, pero amor a final de cuentas que me dio alas durante años para volar. Nunca se enteró de cuándo lo empecé a adorar y menos de cuándo lo dejé de amar.

Casi diez años en ese estado mental absurdo. Tiempo en el que realicé muchas cosas pensando en ser mejor para él. Sin saberlo, Ricardo me inspiró para ser mejor persona. Ni cuenta se dio de lo que aportó a mi existencia. Amarlo como lo amé no fue del todo caótico. Me superé para alguien que ni por enterado se dio, pero ahora que estoy un poco más cuerda me doy cuenta de que me superé para mí. Porque, aun cuando ya he dado por terminada mi relación con Ricardo —aunque él no lo sabe— yo he salido victoriosa de esa ruptura.

Poco a poco comenzaron a espaciarse los días en que me despertaba y mi primer pensamiento era para él. Dejé de revisar sus redes cada mañana. En mis ratos de ocio lo hacía, pero ya no me provocaba la misma emoción ver sus fotografías. Como que me empezó a valer madre, como se dice.

Entonces me paré frente al espejo y pensé: *Rosa María, ya debes terminar con Ricardo, ya no sientes lo mismo y debes ser honesta*. Solté la fantasía y mis pies tocaron el suelo. Me bajé del globo aerostático en donde anduve paseándome con mi amor imposible durante mucho tiempo. Abandoné lo imposible para caminar rumbo a mis posibilidades de ser feliz de manera consciente y real.

Mi romance con Ricardo fue intenso, sublime, me entregué con devoción. Para mí esa fantasía fue real, pero se acabó y abracé mi realidad con pasión.

Desde entonces me siento liberada. Ya no creo que traiciono su recuerdo cuando salgo con alguien ni tampoco me interesa mucho lo que pasa en su vida. Lo eliminé de mis contactos en Facebook, y si llego a saber de él es por comentarios en mi pueblo. Y ya no siento nada. Sólo una secreta gratitud porque ese amor imposible me empujó a expandir mis posibilidades. De alguna manera me hizo crecer.

Ricardo es mi ex novio, pero no lo sabe. No tiene la más remota idea de cuánto lo amé, ni de cuánto de mi vida le consagré. Me preparó para amores reales y correspondidos.

Hoy tengo una relación con José Pablo, el gerente de un hotel. No sé si el destino nos quiera unir para siempre, pero disfruto el presente y lo valoro. Ya no me siento desfasada como antes, con un trozo de mi corazón en donde no debí colocarlo, en un hombre que nunca tuvo conciencia de que yo lo amé. Mi corazón está sano, abierto a lo que el futuro le ofrezca. Por algo pasan las cosas que nos suceden, todo tiene una razón de ser. Tal vez si Ricardo se hubiera fijado en mí, sólo sería el recuerdo de una aventura. Prefiero recordarlo imposible, platónico, como alguien que me inspiró a ser mejor, aunque no lo sabe. Extraigo lo positivo y me río de mí misma; con una sonrisa el pasado se aprecia mejor. A final de cuentas lo que nos pasa es para construirnos y llegar al presente con un aprendizaje. Si yo fuera escritora, Ricardo me hubiese inspirado para crear un libro sobre amores imposibles. Si fuera compositora, para hacer una canción de amores mal correspondidos. Pero soy Rosa María, una chica pueblerina que posiblemente estaba destinada a casarse joven y a quedarse en su pueblo a trabajar como mesera, pero mi amor por ese hombre me inspiró para ser hoy una ejecutiva que atiende a personas y empresas importantes, que maneja sus agendas de viajes y que habla dos idiomas. El amor por un hombre te puede hacer perder la cabeza para bien o para mal. En mi caso mi ex amor me motivó a ser mejor persona, progresar, y aunque él nunca lo sabrá, se lo agradeceré por siempre.

Y si algún día el encuentro en persona se llega a concretar, estoy convencida de que no me va a reconocer, de que tal vez ni me salude, porque nunca he tenido ni presencia ni espacio en su memoria. Sin embargo, una gratitud habita en la mía, pues, aunque él nunca sabrá que me inspiró a ser mejorar persona, yo sí lo sé.

TRANSFORMADOS

En tres palabras puedo resumir
todo lo que he aprendido de la vida:
la vida sigue.
ROBERT FROST

ulia y yo nos hicimos novios —por inercia— durante la adolescencia. Digo por inercia porque ambos pertenecíamos a un grupo de amigos cuyas familias se frecuentaban y, además de estudiar en el mismo colegio, asistíamos a las mismas reuniones y hasta al mismo club deportivo de Acapulco. Como se suele decir, pertenecíamos a "la misma tribu", y conforme fuimos creciendo, pasamos de jugar a construir castillos de arena en la playa, a jugar a enamorarnos. Las hormonas hicieron su aparición en nuestras vidas y nos empezamos a emparejar unos con otros. Éramos ocho, más uno que otro

agregado temporal que se juntaba un rato con la banda, pero Paco, Ernesto, Federico y yo (Román) convivíamos siempre con Estela, Gabriela, Laura y Julia. Todos acostumbrados a merodear alrededor de las actividades sociales de nuestros padres, todos provenientes de familias de clase alta y con la vida resuelta desde antes de nacer. Y como Paco se hizo novio de Mónica, Ernesto de Laura y Gabriela de Federico, yo le pedí a Julia lo propio. En su fiesta de quince años me le declaré y ella de inmediato aceptó. El detalle es que de las cuatro amigas con las que convivíamos desde niños, Julia era la menos agraciada. La que tenía piernas largas y flacas, la de cabello rizado que se le esponjaba con la brisa del mar y parecía Rarotonga, la que no platicaba porque al hablar se le veían los frenos con los que intentaba enderezar los dientes frontales que tenía chuecos. Era introvertida, e incluso la más aburrida del grupo. Tenía lo suyo: ojos azules grandes y una nariz respingada, además de un caminar altivo, con la espalda recta. Cuando se "producía" se sacaba partido y debo admitir que eso fue mi consuelo durante el tiempo que permanecimos juntos.

Cuando estábamos los varones solos, obviamente los comentarios sarcásticos o de burla no se hacían esperar. "El Román y su espátula", "Román y su nadadora" —nada por delante, nada por detrás— en alusión a su esbeltez y ausencia de curvas. Lo que nunca comenté con mis amigos fue que Julia tenía un talento: besaba rico.

La crueldad que caracteriza a la adolescencia se desparramaba encima de nuestro noviazgo, y a pesar de no considerarme el más guapo del grupo, sí sentía que Julia era poca mujer para mí. Pero seguí el juego del amor. Tenía con quien salir. Siempre salíamos en grupo a todas partes. Vacaciones, cruceros, actividades de playa y de ciudad. Campamentos de verano, viajes escolares, íbamos todos con más amigos, pero nuestro grupo era como un clan que nos daba pertenencia y seguridad, que tanto se necesitan en esa etapa de la vida.

En aquel tiempo imaginábamos nuestros futuros y nos veíamos todos casados con nuestras novias y siguiendo las costumbres, las tradiciones y las formas de vida de nuestras familias, que nos programaron para ser como ellos y heredar los modos de vivir y de percibir la existencia. Cuando se nace para recibir, gozar y disfrutar las fortunas de la vida, el infortunio te toma de sorpresa y sin los recursos emocionales para enfrentarlo.

Así pasó con Paco quien, cuando su padre se declaró en bancarrota, cayó en el alcohol y las drogas, y tuvieron que internarlo varias veces en centro de rehabilitación, además de sacarlo de problemas con la ley. La infancia no nos preparó para lo que venía porque a todos, poco a poco, los años nos infiltraron en las venas experiencias de sufrimiento que a unos nos formaron el carácter, pero que a otros los hundieron para siempre.

Paco murió a los veintisiete años de una sobredosis. Lo menciono porque su muerte me dolió y me marcó para siempre.

Pero durante los cinco años que nuestro grupo disfrutó la bonanza y la juventud todo fue maravilloso. Cuando llegamos a la edad de decidir nuestros futuros, empezamos a migrar de la ciudad. La relación de Paco y Mónica terminó cuando ella decidió irse a Austin a estudiar arquitectura. Ernesto y Laura se "comieron la torta" y los casaron. Él se puso a trabajar en uno de los restaurantes de su padre y ella a procrear hijos; hoy siguen juntos con cinco retoños que los han mantenido ocupados con su crianza. Gabriela y Federico conservaron su noviazgo un par de años más, ella se fue a Italia a estudiar diseño de interiores, y él, finanzas a Monterrey. La distancia los enfrío y regresaron al plano de la amistad. Son a ellos a quienes frecuento, aun después de estos veinte años transcurridos. El grupo se desbarató. Nuestras familias también dejaron de frecuentarse, comenzamos a desperdigarnos por otros círculos sociales y el tiempo se encargó de lo demás.

Debo confesar que cuando fui novio de Julia —noviazgo que duró cuatro años— le puse el cuerno varias veces. Nunca estuve del todo enamorado ni del todo convencido de que ella era la chica de mis sueños. Siempre sentí estar por encima de ella, en lo físico, en lo mental, en lo económico, en metas. Me mantenía la costumbre, el sentido de pertenencia y que sus besos me gustaban. Después del bachillerato me fui a estudiar ingeniería industrial a la Ciudad de México. Julia dijo que tomaría un año sabático y que viajaría a Montreal a estudiar francés. No quisimos terminar el noviazgo de frente y lo hicimos a distancia porque, estando ella en Canadá y yo en México, la lejanía evidenció nuestra farsa. Creo que se nos amplió el horizonte al conocer a más personas y otras costumbres, de modo que se nos fue olvidando la existencia del otro. Dejamos de procurarnos, de enviarnos mensajes, hasta que un buen día ella me llamó por teléfono y me dijo que para qué seguir si ya éramos dos extraños. Y así, vía telefónica, concluimos el juego amoroso que iniciamos durante nuestra pubertad y que se había extendido por más de cuatro años gracias a la inercia. De lejos pudimos ver mejor nuestro panorama y cordialmente cerramos nuestro capítulo.

Transcurrieron los años. Terminé mi carrera, me fui a cursar un posgrado a Berlín, regresé al país para enterrar a mi padre que murió de un infarto. Retorné a Europa donde trabajé durante cuatro años; allá conocí a Liza, una española de la que me enamoré profundamente y con la que llevo casado catorce años. Juro que jamás llegué a evocar a Julia. Cuando tuve contacto con alguno de los amigos del grupo la mencionábamos como quien habla de una canción que recuerda, como quien habla de un libro que se ha leído. Su recuerdo quedó refundido en el fondo del saco del pasado. He llegado a la conclusión de que existen relaciones tan grises en nuestra vida que nunca les es posible tomar color. Hasta que el presente te sorprende y te da una cachetada.

Regresé a la Ciudad de México. Mi padre había fallecido de un infarto y, como el único varón —mis dos hermanas menores ya se habían casado y tenían sus vidas resueltas—, tuve que tomar las riendas de muchos de sus asuntos. Me instalé con mi esposa y mis dos hijos en la capital, y dos veces por mes visitábamos a mi madre en el puerto de Acapulco. Yo supervisaba los negocios que la familia aún tenía en ese sitio. Una empresa automotriz muy importante me ofreció la dirección de desarrollo de proyectos y fue una jugada redonda. Mi país otra vez, mi familia, mis costumbres y una estabilidad que tantas veces visualicé alcanzar.

Y entonces, una tarde, en la sala de espera de un notario, la vi llegar. Con sus rizos ondulados cayendo hasta su breve cintura, enfundada en un traje sastre blanco, con la boca pintada de rojo intenso y sus ojos azules, profundos, abiertos al máximo cuando me vio.

—¡Román! ¿Eres tú?

—Sí, soy Román Cisneros, pero creo que me está confundiendo.

Juro que no la reconocí.

—Soy Julia Patlán, no te hagas el chistoso —y sonrío dejando ver sus dientes alineados, blanquísimos y derechitos.

¡No lo podía creer! Esa mujer era mi novia fea de adolescencia, la que nunca pude amar en serio, la que aventé al olvido.

Intercambiamos teléfonos y nos agregamos a nuestras redes sociales. Después me tocó entrar a mi cita con el notario y, cuando salí para que ella entrara, me dio un beso y pude sentir su perfume, su mano suave que apretó la mía para despedirse. De reojo la vi de espaldas. Su silueta llena de curvas que no sé de dónde demonios salieron, pero ahí las llevaba contoneando al entrar en ese despacho. Me fui a casa con su figura incrustada en mi cabeza.

Julia, Julia, Julia. Tres veces dije su nombre mientras conducía mi auto. Tan pronto llegué, me encerré en mi habitación a *stalkear* sus redes. ¡Fotografías en bikini! ¡Uff! ¿Qué le pasó?

Recorriendo su Facebook pude ver que era una reconocida interiorista, que tenía una hija y que viajaba con frecuencia. Aparecía en cientos de fotografías posando en diferentes ciudades del mundo. Singapur, Dubái, Madrid, Milán, Buenos Aires. Siempre sexy, siempre sonriendo. Feliz. Transformada en una Julia que nunca pude imaginar que podía llegar a ser.

—¿Y esa quién es? —me preguntó Carlos, un compañero de trabajo que me sorprendió explorando el Facebook de mi ex novia.

—Una de mis ex novias.

—¡Wow! ¿Y por qué la dejaste ir?

—Es que así no estaba.

Y mi declaración dio paso a una charla que nos llevó a un bar cercano donde estuvimos hasta altas horas de la noche.

—Es la esposa de Mario Medina Ponce, un financiero muy pesado, seguro la mandó operar.

—Dicen que no existen mujeres feas, sino maridos pobres —comenté.

Y los dos reímos.

Por momentos sentí una injusticia del destino por haberme puesto a esa mujer en su peor época. Sí, qué horrible pensar eso, pero lo pensé. ¿Por qué no me la puso cuando estuvo cayéndose de buena?

—¿Y qué? ¿No la invitarás a salir? —dijo Carlos, y lo escuché como quien escucha a un diablillo susurrándole en la oreja.

—No lo sé, los dos estamos casados.

—¿Y? ¿A poco eso te lo impide?

No me lo impidió: a los pocos días le llamé por teléfono y la invité a comer.

Me miré frente al espejo. Me conservaba en forma: cuadros en el abdomen, canas interesantes sobre mis sienes, y con mi traje Armani puesto salí dispuesto a resucitar el pasado. Lo peor que podía pasar es que Julia no aceptara jugar mi juego y de un no nadie se ha muerto.

Ese día me agradecí a mí mismo mi disciplina personal. El mantenerme en forma, el tener buen cuerpo y haberme transformado en un adulto atractivo. Sé que resulta soberbio lo que digo, pero es importante para este relato.

Un restaurante lujoso del sur de ciudad fue el lugar del encuentro. Y estando uno frente al otro echamos a andar la rueda del pasado, evocamos momentos de todo tipo, personas y lugares. Sensaciones olvidadas se deslizaron sobre nuestros cuerpos. El vodka aligeró los ánimos y nos tomamos de las manos varias veces.

Ahí estaba Julia, hermosa, transformada, voluptuosa, turgente, con un escote que dejaba ver sus perfectas prótesis de seno. Porque yo sabía que no eran suyas. Porque yo sabía que ella no era más ella. Y entonces viene lo interesante.

Mientras estuvimos hablando del pasado, fluimos. Pero cuando conversamos sobre nuestros presentes me encontré frente a una mujer presumida y con puntos de vista que comenzaron a enfriar mi deseo.

—Mi esposo me ha dado una vida increíble, lo conocí en un museo de Quebec. Tenemos casas en muchas ciudades: en Madrid, en Nueva York, un departamento en Miami y otro en Monterrey. Los dos viajamos mucho, por eso hemos enviado a Constanza, nuestra hija, a un internado en Irlanda, porque no tenemos mucho tiempo para estar con ella por nuestros trabajos y preferimos reunirnos durante las vacaciones para pasar tiempo de calidad juntos.

Y comenzó a hablar de las marcas de autos que poseían, de las marcas de ropa que le compraba a su hija, a preguntarme en tono peyorativo si yo conocía ciertos restaurantes u hoteles en determinados países, a conmiserarme por estar casado con una mujer que se dedicaba a la crianza de sus hijos. Y ahí estaba yo, un cuarentón exitoso, en forma, guapo y vestido de Armani sintiéndome menos con los comentarios despectivos de Julia.

De pronto me fue acorralando, hasta un punto en el que me quedé mudo. Escuchando lo maravilloso que era su vida. Me sentí incómodo y ataqué.

—Estás muy cambiada. ¿Quién es tu cirujano?

Pero no se ofendió con mi pregunta, al contrario, fue como haberle dado pie para hablar de una de sus más grandes pasiones: Operarse.

—Tengo dos: uno aquí en México y otro en Los Ángeles. Te voy a pasar sus teléfonos, ambos son buenísimos. Si llamas al de aquí, mañana mismo te quita esas patas de gallo que tienes alrededor de los ojos, y tal vez un poco de bótox en la frente te va ayudar. Las prótesis de glúteos es lo que más me ha dolido, pero valen la pena, y también te puedo recomendar a mi esteticista dental, es lo máximo.

Y siguió, una por una me detalló sus intervenciones estéticas y de paso me dio consejos de cómo verme más joven y guapo.

Entonces me di cuenta de que yo también me había transformado en estos años. La lujuria abandonó mi cuerpo y mi mente recuperó la cordura. Pude entonces ver a la Julia que tenía en frente con más nitidez. Me percaté de su frente alisada con exceso de bótox que la hacía perder expresión en su mirada. Cuando se levantó al tocador y vi su trasero, me di cuenta de que era excesivo para su complexión delgada, comencé a observar que masticaba con dificultad, y que su sonrisa era impecable pero falsa.

Terminamos la velada, ella emocionada porque acepté contactar a sus cirujanos plásticos y yo con las manos heladas y el deseo petrificado.

La vida nos condujo por rumbos distintos. Nuestras transformaciones fueron diferentes. Ella se transformó en un espejismo, en apariencia absoluta, una persona con forma, pero sin fondo. Yo me transformé en un hombre al que le atraía la belleza de forma, pero también de fondo. Cada quien asumió la satisfacción personal a su manera. Ella transformándose en quien es, yo siendo quien soy.

Un cuarentón en forma, trabajador y con una esposa a la que amo. Una mujer que se mantiene en forma, pero que no padece una insatisfacción interior que la orille a vivir excesos de transformación física. Envejecemos con dignidad. Eso creo.

Julia me mandó un par de mensajes con los datos de sus cirujanos, a lo que yo respondí con un atento gracias. No hubo más intercambio de mensajes. ¿De qué podíamos charlar dos personas con aspiraciones tan distintas?

—¿Y qué tal te fue con el monumento? —me preguntó Carlos.

—Sí, es un monumento… pero habla.

—¿Y a poco la querías para hablar?

Me reí y pasé a otro tema, reduciendo la importancia de esa charla con mi compañero.

Pero sí, después de mi reencuentro con Julia, llegué a la conclusión de que sí quiero hablar antes de tener sexo, de que me gusta una intimidad sexual enriquecida con la intimidad del diálogo. Que ya no puedo ser el animal de antaño que sólo buscaba poseer el cuerpo de una mujer y no lo que habita debajo de su piel. Unos le llaman madurez, otros se burlan y dicen que se le llama "chochear".

Hace mucho que no me importa lo que los demás opinen, primero consulto con mi conciencia lo que me acontece. Y mi conciencia me libró esa noche de vivir una experiencia que me dejaría un vacío. Estoy seguro de ello. O tal vez me libró de problemas mayores. Qué bueno que todo quedó en eso.

De Julia conservo los números telefónicos de sus cirujanos plásticos y un aleccionador recuerdo. No sé si llegue a visitar a esos médicos, tal vez un día me vea al espejo y me sienta incómodo con mi apariencia, pero hasta el momento eso no ha sucedido. Creo que todos los seres humanos podemos mejorar cada día, en lo físico y en lo mental, en lo emocional y en lo laboral. No obstante, considero que existen límites. Transformar el cuerpo no lleva implícito transformar el espíritu. Pero cada quien decide lo que quiere transformar de sí mismo.

Mi esposa me dice que estoy más guapo que en el pasado, que mis canas me hacen interesante y que mis patas de gallo son una expresión *sexy* en el rostro. Que no estoy panzón y que además sigo siendo bueno en la cama. Me gusta creerle, porque ella no sólo ve mi exterior, sino que conoce mi fondo. Una noche le conté sobre Julia —omitiendo la noche en que la invité a cenar—, dije que me la encontré con el notario. Le mostré su Facebook.

—Es bellísima, pero está operada.

Entre mujeres no se pueden engañar.

—Román, seguramente te vio y pensó: "Lo que dejé ir" —afirmó y me abrazó con amor.

Ese amor suyo que provee paz a mis días, y que me ha transformado en una mejor persona.

LA CAPILLA

Vas a romper tu relación porque no te conviene,
no porque lo dejaste de querer. Duele, pero no mata.
WALTER RISSO

laudio y yo nos casamos después de cuatro años de un bonito noviazgo. Nos conocimos en una agencia de automóviles, en la cual yo trabajaba para el área administrativa. Él se desempeñaba como agente de seguros. Me invitó a salir y nos platicamos nuestras vidas. Los dos veníamos de relaciones complicadas. Él había durado dos años con una novia extranjera que conoció durante unas vacaciones en Cancún, una estadounidense que terminó por desencantarse, que le comunicó de pronto que se mudaba a Canadá y dio por terminado el vínculo de por sí complicado por la distancia, más aun

161

con proyectos de vida distintos. Yo llevaba seis meses sin novio. Mi último noviazgo lo tuve con un compañero de la universidad, con quien duré más de tres años pero, como bien dicen: "Novio de la universitaria rara vez esposo de la profesionista", y al terminar las carreras nuestros intereses cambiaron y decidimos terminar. Nos sentimos tan cómodos platicando nuestras vivencias, que Claudio me dijo desde esa primera cita que se sentía flechado. Hablamos de todo, de nuestras metas y de nuestros sueños, y nos dimos cuenta de que aspirábamos a cosas similares. Nuestra relación fue estable, con pocas discusiones y escasos conflictos, que por cierto siempre resolvíamos con una dosis de sexo espectacular, porque en la cama descubrimos ser muy compatibles. Así que el matrimonio era lo que seguía en el curso de nuestra historia. Nos juramos amor eterno ante Dios y ante nuestros familiares y amigos, y nos establecimos en Querétaro, porque para los dos las oportunidades laborales resultaban propicias en aquellos lares. Él consiguió un importante cargo administrativo en una aseguradora, y yo, el puesto de contadora en un despacho fiscal. Dos años fuimos *novios casados*: viajamos, visitábamos a nuestros familiares que dejamos en Toluca, de donde somos originarios. Asistíamos a eventos, a fiestas; acudíamos con frecuencia al cine y a cenar. Esa dinámica cambió con la llegada de Luisa, nuestra hija. Pero, aun así, nos apoyamos en las tareas domésticas y en su crianza. La pareja perfecta, la familia ideal. Mi sueño hecho realidad. Jamás pensé que la insidiosa rutina y la comodidad que ocasiona el "tener todo lo que uno desea" nos cobraría facturas tan caras, porque eso pasó entre Claudio y yo. Dejamos de decirnos *amor* y dejamos de mirarnos a los ojos. Nuestras miradas se concentraron en Luisa, y después en Mario, nuestro segundo hijo. Comenzamos a buscar descanso y privacidad en nuestros celulares, revisando nuestras redes sociales y hablando de chismes y de otras personas. Dejamos de hablar de nosotros, de las necesidades y los sueños mutuos. En la cama las luces se apagaban antes del coito, para en la oscuridad quitarnos las ganas de manera rápida, efímera. De ese modo el amor prometido se empezó a disolver entre rutinas y preocupaciones económicas. Sumergidos en nuestros papeles de padres, ambos permitimos que nuestro rol de amantes y cómplices se esfumara entre gritos e impaciencias. Porque era más importante pagar los colegios y asistir a un evento social, que abrazarnos y pasar una noche juntos resucitando con caricias nuestro sentimiento.

Y lo que se descuida se pierde. Apareció Susana, una agente de seguros diez años menor que yo. Y Claudio cayó flechado. Me di cuenta porque pasaba más tiempo que de costumbre en su celular, comenzó a comprarse ropa nueva y a usar perfume —él nunca utilizaba perfume, sólo desodorante y loción barata de supermercado—. Fragancias caras, ropa de marca, coche nuevo y sospechosas juntas de trabajo por las tardes, intempestivas salidas de la ciudad porque un cliente demandaba su presencia y yo tenía que quedarme en casa al cuidado de los hijos. Cuando Claudio me confesó que estaba enamorado de Susana, mis sospechas se confirmaron. Mi corazón ya lo sabía desde hacía tiempo, pero como fui entrenada por mi madre y mi abuela para hacerme de la vista gorda con el fin de sostener un matrimonio a costa de lo que fuera, me mantuve silenciosa. Adolorida y enfurecida, pero silenciosa, a la espera de que la aventura terminara y que mi marido regresara al buen camino. Amigas y conocidas me habían contado que varias veces lo encontraron con Susana en restaurantes y saliendo del cine. *Yo soy la catedral y esa intrusa, la capilla*, me decía para consolarme. Estaba segura de que, tarde o temprano, Claudio finalizaría esa infidelidad. Mi orgullo me aconsejaba que no le diera el gusto de verme como una esposa engañada llorando por él, que me mantuviera digna y que todo retomaría su curso. Pensé que nuestros hijos serían el ancla que lo mantendría en mi puerto, pero no fue así. Una noche llegó y me confesó que se había enamorado, que lo perdonara pero que tenía que irse de la casa. No externé nada, sólo pedí que se fuera esa misma noche. Lloré por las madrugadas y durante el día representaba el papel de una mujer digna, que seguía trabajando y cuidando a sus hijos como siempre. Ante todos intenté demostrar cordura. La realidad es que me volví loca de dolor. Un dolor que sólo compartí con mi madre.

No quise regresar a Toluca, pues sentía mía la casa de Querétaro, la había decorado a mi gusto, y en esa entidad mis hijos tenían sus escuelas y sus amigos. No podía permitir que una intrusa que me quitó a mi marido, también me arrebatara mi entorno, mis amigas, mi hogar. Y ahí me quedé a vivir mi duelo, entre esas paredes que fueron testigo de mi felicidad y después de mi sufrimiento. Mis hijos, Luisa con trece años y Mario con once, tomaron todo con más calma. Es sorprendente cómo los hijos pueden entender mejor que uno que sus padres se separen. Claudio continuó siendo un buen proveedor, un padre cariñoso, y cada dos semanas pasaba por ellos. Inevitablemente los niños comenzaron a convivir con Susana, y a llamarla "la novia de papá". Yo sentía que me abrían las entrañas con un filoso cuchillo, el rencor y el coraje me carcomían toda por dentro, pero no lo demostraba. Fingía sonrisas y que todo marchaba bien. Claudio era su padre y no quise contagiar a mis hijos con mis resentimientos.

Firmamos el divorcio de común acuerdo, y en términos económicos quedamos protegidos mis hijos y yo. Claudio se convirtió en el ex marido ideal. Cumplidor y generoso, atento conmigo y con sus retoños. Entonces se suscitó lo inesperado.

Habían transcurrido tres años desde nuestra separación legal. Debo aclarar que, a pesar de todo mi dolor, no me descuidé. Dicen que la presencia de una mujer influye en la otra, y lo que hizo Susana fue darme un golpe en el ego al llevarse a mi marido. Comencé a hacer ejercicio, a practicar yoga; un poco de bótox por ahí, cremas por todos lados, y una alimentación sana. Renové mi guardarropa y me di permiso de salir con un par de pretendientes, que nunca pasaron de una noche de sexo incitado por tequilas. No me olvidé de mí; por el contrario, Susana me recordó que yo también podía ser sensual y divertida. Compararme con ella durante mi duelo me injertó agallas para no dejarme, para ponerme atención y recuperar esa belleza que la monotonía de mi matrimonio me arrancó. Quizás eso propició que Claudio posara otra vez sus ojos en mí. Llegó un domingo en la noche a dejar a mis hijos a casa. Y cuando salí a despedirlo —yo ya estaba en camisón, uno muy coqueto, por cierto— me pidió un vaso con agua para tomarse una pastilla.

Lo invité a pasar a la sala; se sentó, tomó el vaso con agua y después se quedó observándome por unos minutos. Entonces, de manera inesperada, externó:

—¿Sabes que hoy te ves hermosa?

Me sonrojé y agradecí el piropo. Me senté a su lado, y fue inevitable ese beso. Nuestros cuerpos se reconocieron y terminamos en mi alcoba —esa que antes fue nuestra—, disfrutando una noche de sexo salvaje. Y cuando digo salvaje no exagero. Era un deseo ansioso por sentirnos uno al otro. Nunca antes me había hecho el amor de esa manera. Ni yo a él.

Se quedó a dormir conmigo. Me pasó por la mente Susana. ¿Dónde estaba? ¿Esperándolo en casa? Claudio mismo disipó mi duda. Al levantarse comentó que debía ir por ella al aeropuerto, porque había viajado con unas amigas a Europa y justo ese lunes regresaba.

De ese modo me convertí en amante de mi ex marido, pues los encuentros se repitieron. Esa noche inició mi aventura clandestina con Claudio. Pasé de ser la catedral a ser su capilla. Ahora la engañada era Susana, y debo admitir que me provocó placer. Saberla sentada en la misma banca en que yo alguna vez estuve esperando al hombre que creía sólo mío. ¿Por qué acepté jugar ese juego? Confieso que fue más por venganza que por amor. Porque, aunque aún sentía algo por Claudio, ya no era lo mismo. Es más, no lo imaginaba regresando al hogar a retomar su papel de marido y de padre. Me gustaba más como amante que como esposo. Mis hijos nunca se dieron cuenta de eso; las veces que su padre llegó a quedarse en la casa a dormir, yo lo despertaba muy temprano para que se fuera. Una cosa era asumir mi papel de amante con él y otra muy diferente quedar como una cualquiera ante mis pequeños. Aprovechábamos las frecuentes ausencias de Susana —que viajaba mucho— para encontrarnos. Una ocasión, tuvimos sexo en la misma cama en la que dormía con ella. ¡Ah, cómo disfruté eso! Venganza pura. En dos oportunidades, Claudio tuvo que asistir a congresos en otras ciudades y me llevó con él. Susana se quedó en casa esperando, como alguna vez lo hice yo cuando la amante era ella.

Pero la conciencia es pesada y la mía ya representaba una carga. Comencé a sentirme incómoda con esa situación, a no disfrutar los encuentros clandestinos, a no poder iniciar una nueva relación por estar esclavizándome con ese juego. A final de cuentas Claudio era el vencedor, no había perdido nada. Nos tenía a las dos y eso me orilló a poner un alto.

Dos años jugué con el fuego de la venganza, de la lujuria y el deseo. Pero me cansé y retiré mis cartas de la mesa.

Claudio me insistió durante meses, incluso llegó a decirme que estaba pensando seriamente en dejar a Susana y regresar a "su casa". Sentí pavor. Pánico. Ya no lo quería en mi vida, y vivir esa experiencia con él me lo confirmó. Un hombre así no me interesaba. Y seguir siendo una mujer así ya no quería. Sentí necesidad de ser distinta, de dejar los rencores de lado y caminar hacia un rumbo distinto. Hacia la paz que otorga una conciencia tranquila.

Hay rupturas que duelen, pero no matan. Por el contrario, te hacen renacer. Eso hice: resucité lo mejor de mí y evolucioné. Coloqué a Claudio —con respeto— en el lugar que le corresponde: como padre de mis hijos. El único sitio que le pertenece y que lo mantendrá unido a mi historia personal mientras vivamos.

Hemos visto crecer a nuestros hijos, convertirse en adultos; hemos disfrutado sus éxitos y los hemos acompañado en sus fracasos. Claudio sigue con Susana y yo estoy casada con Gregorio. Volví a confiar en mí misma, en el amor de una pareja, y agradezco haber tomado la decisión correcta. No sirvo para ser capilla.

Claudio me dejó descendencia y lecciones. Y ahí estará rondando por mi vida como el padre de mis hijos, pero tengo claro que jamás como hombre. Lo probé como marido y no fui feliz; como amante tampoco me hizo sentir bien conmigo misma. Tuve que soltarlo para percibirme plena, tranquila, en paz. Conservo cariño por él, como el hombre que ocupó un lugar importante en mi corazón, como el que me ayudó a engendrar a los hermosos hijos que tenemos. Pero nada más.

Con Gregorio me siento completa, compartimos nuestras vidas y es un gran compañero de viaje. Ese viaje de la vida en el que a veces nos hospedamos en habitaciones equivocadas, donde se experimentan sensaciones que confundimos con amor; ese viaje en el que, tarde o temprano, llegamos a nuestro destino y nos damos cuenta de que siempre hemos tenido reservada una habitación especial en la que el amor verdadero habita y podemos dormir en paz, y en donde la cama tiene una almohada muy cómoda que se llama conciencia tranquila.

LA BASURITA

El amor más caliente tiene el final más frío.
SÓCRATES

 atalina, mi amiga y confidente, me dijo de repente:

—Estás llorando —notó.

—No, para nada. Se metió una basurita en mi ojo.

Cata sabía que no era verdad, que lo que se hallaba nadando entre esas lagrimitas sutiles era un recuerdo que tenía nombre.

Se llamaba Gonzalo Ibáñez y su recuerdo —sutil como mis lágrimas— estaba ahí, latiendo de manera esporádica en mi corazón.

Lo conocí en un momento de mi vida en el que me encontraba confundida y enfrascada en mi empleo. A pe-

171

sar de estar casada, mi trabajo era mi obsesión y mi refugio a la vez. Gerardo y yo llevábamos cinco años de casados y los hijos aún no llegaban. No me sentía preparada para afrontar tal responsabilidad y los anticonceptivos eran la manera de evadirla. Gerardo me insistía en que ya era momento, que dejara de tomarlos, pero yo le respondía que mi carrera iba en ascenso, que me diera oportunidad de posicionarme mejor profesionalmente. Mi marido me tuvo paciencia, pero de alguna manera eso nos alejó un poco. Él escondió su frustración en su trabajo y yo mis miedos en el mío. Soy dentista y en aquel tiempo acababa de instalar mi clínica.

Mis días transcurrían entre dientes ajenos y paseos por el supermercado. Una que otra salida a cenar o al cine con mi esposo y nuestros fines de semana acostados frente al televisor, en pijama, porque estábamos demasiados cansados. El letargo y la rutina se paseaban por todo nuestro hogar y, peor aún, entre nuestras sábanas.

Gonzalo llegó a mi vida por una casualidad, si es que existen. Estaba formado detrás de mí en la fila del supermercado, y de pronto se me cayó una moneda al intentar sacar los billetes de mi cartera.

—Águila —dijo.

—Águila —contesté.

Nos agachamos al mismo tiempo y nuestras cabezas chocaron. Reímos, y entonces él levantó la moneda.

—Te la gané, así que es mía.

—Es legal, es tuya —y sonreí.

Con simpática desfachatez la metió al bolsillo de su pantalón.

—Ahora tendré que invitarte algo para gastarla en algo que valga la pena.

Comenzamos a estorbar en la fila y la cajera nos apuró. Pagué mi cuenta y me despedí, pero Gonzalo pagó la suya y fue detrás de mí.

—¡Me diste tu moneda, pero no tu número telefónico! —gritó.

Me causó tanta gracia su ingenio, que se lo di, y abordé mi auto pensando en lo raro que se sentía hablar de esa manera con un extraño y segura de que jamás me llamaría. Apenas avancé un par de kilómetros cuando recibí su mensaje de texto:

Éste es el mío; guárdalo. Conservaré la moneda hasta que me aceptes una invitación.

Y seguí manejando, con una estúpida sonrisa en mi rostro y un bicho raro revoloteando en mis entrañas.

Los mensajes de texto continuaron. Después apareció un *email* en mi buzón. Había ubicado mi consultorio dental, los teléfonos y el correo electrónico. Empezó a enviarme mensajes por todos los medios posibles. Mensajes juguetones y divertidos, nunca empalagosos, jamás atrevidos. Eso me encantó. Nos pasamos al Messenger del correo y después nos hicimos amigos en Facebook. Apenas iniciaba esa red social. Ni él ni yo teníamos muchos contactos. Ambos publicábamos pocas cosas. Yo de trabajo y él sobre música. Gonzalo era estudiante de antropología en la Ciudad de México y llevaba a cabo unas prácticas en Oaxaca. Llevaba tres semanas en la capital oaxaqueña y su estancia se prolongaría por un mes más. Ante tales circunstancias no vi peligro alguno en aceptar su invitación y fuimos a tomar un trago a un bar.

Después de cerrar el consultorio me pinté los labios y arreglé mi largo cabello en una coleta, me puse rubor, y con un entusiasmo que emergió de no sé dónde me dirigí a la cita. Le dije a Gerardo que tenía una cena con unos colegas y me dejé llevar por la curiosidad que me provocaba ese desconocido.

Gonzalo era ocho años menor que yo, soltero y capitalino. Nacido en una metrópoli con millones de habitantes. Yo, provinciana, nacida en la tierra de las tlayudas y los chapulines, en la tierra del mezcal y de la Guelaguetza. Conversamos durante dos horas y cuando vi el reloj me asusté. Sentí que habían transcurrido quince minutos y me quedé con ganas de más. Coloquial, ligero en su pensar, educado en sus maneras, culto y amante de la música de Joaquín Sabina. Así se reveló Gonzalo ante mis sentidos que se embriagaron de él y de sus palabras.

Cuando uno se mete en una aventura no mide el espacio, ni el tiempo ni las consecuencias. Traté de poner los pies sobre la tierra, pero Gonzalo me hacía danzar en el aire. En nuestra tercera cita nos besamos, y en la cuarta hicimos el amor en la habitación de ese hotel por la calle Alcalá, en la que habitaba de manera temporal.

Nunca le mentí, le dije que estaba casada, le conté mis miedos y mi confusión. Le hablé de cuánto y cómo amaba a Gerardo, pero esas eran charlas que quedaban en la tangente de nuestro encuentro, porque en el centro de todo sólo existíamos Gonzalo y yo. Me sentí rejuvenecida y comencé a escuchar a Sabina, a la Buika y la trova cubana de Milanés. Todo parecía estar a nuestro favor porque, justo en ese momento, a Gerardo, que trabajaba como administrador de una empresa textil, lo enviaron a Tabasco a visitar unos clientes. Recuerdo cómo durante esa semana de esposo ausente viví días de pasión insospechada. Porque así era Gonzalo: pasional, atrevido en la cama, juguetón en la ducha, divertido en la intimidad. Las horas parecían de doscientos minutos cuando no estaba a su lado. Cancelé citas de pacientes para salir más temprano de trabajar. Me dejé llevar por el oleaje de su cuerpo, de su barba acariciando mis hombros, de su aliento sumergido en mi oreja, de su boca lamiendo mis rincones. El placer estaba en sus manos y lo depositaba en mi carne.

Gerardo regresó a casa y se encontró con una esposa que vestía diferente, que caminaba distinto, que cantaba trova bajo la regadera y que lo abrazaba cariñosa por la noche, aunque no tuviéramos sexo. Así es, desde ese momento, y sin darse cuenta, Gonzalo estaba mejorando mi relación con mi esposo.

Mientras Gonzalo permaneció en la Ciudad de México para continuar sus estudios nos mantuvimos en contacto por internet y por teléfono. Nada lograba enfriar el sentimiento. Extrañarlo me incitaba a desearlo más. Cuando regresó a terminar sus prácticas la pasión se había acrecentado. Nuestros cuerpos se estaban esperando, nuestras pieles suplicaban caricias y besos. Pero un secreto como ese pesa, y llega un momento en que ya no se avanza con dicha carga encima. Y más cuando la relación deja de ser divertida, lo cual empezó a ocurrir.

Gonzalo comenzó a preguntarme si tenía relaciones sexuales con mi esposo, y eso me incomodó mucho. A pesar de amarlo como creía, no lo sentía con el derecho de meterse en mi matrimonio. Unas gotas de agua helada empezaron a aplacar la pasión.

Demandaba mucho de mi tiempo. Me llamaba, me buscaba todo el día, y un par de veces se apareció en mi consultorio sin avisar. Esos detalles me hicieron reaccionar y decidí hablar seriamente con él.

—Gonzalo, te quiero mucho, pero amo a mi esposo, y Gerardo es un hombre muy bueno, con quien tengo un compromiso de vida; además, tú eres muy joven y vas de paso, tu mundo está adelante, apenas viene lo mejor para ti.

—¡No digas eso! —respondía enfurecido—. Tú y yo somos perfectos juntos, sólo es cuestión de tiempo, no de edades.

Le recordaba a menudo que él se iría, que debía continuar sus estudios, su camino, su vida, y cuando menos lo esperaba me dijo que era capaz de abandonarlo todo por mí. Entonces entré pánico.

Después de sostener esa relación tan pasional y atrevida durante un año y tres meses, tiempo en el que Gonzalo iba y venía desde la Ciudad de México con mil pretextos, decidí poner punto final al asunto.

Lloró, suplicó, rogó, quebró una silla, aventó libros y pataleó. Y sentí pavor. Su conducta me obligó a alejarme de él por completo. Cambié mi número telefónico y di la orden a mi recepcionista de no pasarme sus llamadas.

La poca cordura que quedaba en él —y quiero pensar que el mucho amor que decía tenerme— lo detuvo para cometer una locura y provocarme una tragedia. Es algo que le agradeceré siempre, como también que nunca haya buscado a Gerardo para importunarlo con sus historias.

Sin embargo, a pesar de mi rechazo, siguió insistiendo y buscando el modo de mantener contacto conmigo. Llenó mi correo electrónico de mensajes chantajistas: que se iba a matar, que estaba enfermo, que su madre se encontraba grave… Inventó mil historias para que yo lo contactara con el fin de saber cómo se hallaba. Para levantarlo como basurita cuando se tiraba al piso. Y admito que caí muchas veces en sus chantajes. Más de una vez lo llamé sinceramente preocupada para preguntarle cómo estaba y si necesitaba algo.

—Te necesito a ti —me respondía una y otra vez.

Lo hizo muchas veces, se vistió de víctima y, agarrado de los buenos recuerdos que tenía de él, se aparecía en mi vida para que yo lo viera sufrir y me conmoviera. En una ocasión dijo que estaba en Oaxaca, en el hotel de siempre, y que si no acudía de inmediato se cortaría las venas. Una parte de mí me decía que se trataba de una trampa, pero la otra parte no quería quedarse con la culpa de semejante acción si es que la cometía. Acudí y, después de soportar su llanto, terminamos haciendo el amor. Eso no podía continuar.

Entre más sucedían estas escenas entre Gonzalo y yo, más valoraba a Gerardo. La vida al lado de mi esposo comenzó a recuperar su ritmo, empezamos a salir de viaje, a pasar más tiempo juntos, y también a hacer el amor con más frecuencia.

Transcurrió el tiempo y poco a poco las llamadas y los mensajes de Gonzalo se tornaron esporádicos. Por curiosidad, un día lo desbloqueé de mi cuenta de Facebook y me dispuse a hurgar en su perfil. Pude ver que había posteado una gran cantidad de canciones de Sabina: leí muchas de sus frases en las que expresaba una y otra vez que extrañaba a alguien, y supe de inmediato que ese alguien se trataba de mí. Eran los mensajes típicos: "Si estuvieras presente yo no estaría tan triste". "Desde que te fuiste mi vida no me importa". "Qué difícil es amar sin ser amado". "Qué triste es que no te valoren", y así sucesivamente. Mensajes que me parecieron patéticos. No me conmovieron, más bien me dieron lástima.

Me rogó de mil maneras, pero bien sabía que lo nuestro era pasajero. Yo nunca prometí nada, sólo vivir el momento, y me dejé llevar por la pasión, por el deseo. Por su juventud y su cuerpo lleno de ganas de mí. Eso fue hermoso y debo reconocer que cuando recuerdo esa pasión la extraño. No lo extraño a él, pero sí ese erotismo que se desparramaba por todo mi ser cuando me hallaba a su lado. A veces me extraño a mí misma de esa manera, por eso, en ocasiones, su recuerdo se mete en mis ojos y mi mirada se nubla. Esa basurita que raspa las pupilas y arrebata una lágrima limpiadora. Así se limpia la basura de los ojos, con lágrimas. Tallando los ojos para despejarlos.

Lo agregué de nuevo como contacto de Facebook hace un par de años. Desde dicha plataforma he podido saber qué ha sido de su vida. He notado que ha entablado un par de relaciones con chicas de su edad. He visto cómo termina con ellas y cómo vuelve a escribir frases similares a las que redactó cuando lo nuestro se acabó.

Mensajes de víctima, de abandono, depresivos, de chantaje y furia. Creo que detrás de ese chico guapo, atrevido y pasional, habita un hombre decidido a caminar por la vida como víctima. Inmaduro.

La vida no se detiene por vivir esas experiencias, sigue su curso y continúan acumulándose los minutos, las horas, los días, los años. Gerardo y yo recuperamos caricias, y aunque nuestra pasión es más mesurada, no deja de ser pasión. Esa pasión que termina en un abrazo, en un "te amo" y en la concepción de un hijo. Julián llegó a nuestra vida hace dos años y con sus pequeños pasos recorre nuestro hogar; llena de luz y de alegría sus rincones.

Hay amores pasajeros, que llegan destinados a irse porque no son adecuados, no son para siempre, son momentáneos porque su esencia no es lo semejante sino lo diferente, y lo distinto nos atrae, nos da curiosidad, pero no certeza. Las más fuertes pasiones entran al congelador cuando uno de los dos se da cuenta de las diferencias de fondo, que son las actitudes frente a la vida, el carácter y la manera de conducirse por la adversidad. Amores cuyo destino es el pasado, que no tienen futuro. Amores que pasan de ser el brillo de tus pupilas para convertirse en una basurita en el ojo.

EL RECALENTADO

Donde hubo fuego, cenizas quedan.

Refrán popular

 al vez los mexicanos somos los únicos que entendemos eso del "recalentado", pero no dudo que en otros países también se coman al día siguiente las sobras de una cena. Es típico de fechas especiales como Navidad, cuando se preparan tantos platillos tan vastos que siempre sobra comida y entonces, al día siguiente, se calienta de nuevo lo que quedó y se vuelve a disfrutar. Vale la pena decir que a veces hasta sabe más sabroso. Es ya una tradición que muchos llevan a cabo y también se traslada al terreno amoroso. ¿De qué manera? Dícese *recalentado* a la experiencia de haber terminado una

relación amorosa con una persona, y después de haber prometido no tener otra vez nada que ver con ella, se vuelve a caer. Se vuelve a calentar el asunto y ahí va uno de nuevo a arrojarse a los mismos brazos o a revolcarse a la misma cama.

En muchos casos ocurre que ya el sabor de la experiencia es insípido, pero en otras ocasiones resulta delicioso. Hay quien asegura que fue algo que resucitó la relación, y quien opina que significó lo peor que pudo haber hecho. Pero sucede, y a veces cae primero un hablador que un cojo. Y eso me pasó por andar de hablador. Tantas ocasiones que afirmé: "Cuando tiro una chancla no la vuelvo a levantar". "Yo no tropiezo dos veces con la misma piedra". "Es de estúpidos perder el tiempo dos veces con la misma persona", y frases similares. Y la vida me cerró la boca de un madrazo.

Tatiana era la novia perfecta. La conocí en San Pedro Cholula durante la procesión de Los Faroles, un 31 de agosto de hace diez años. A esta distancia de ocurrido todo puedo contarlo, porque durante mucho tiempo era tema que evitaba. Y ahí estaba yo viendo cómo desfilaba la Virgen de los Remedios por las calles, cuando de pronto mi mirada se cruzó con la de Tatiana y me flechó. Maldito cupido nalgón, le dio al blanco y no dejé de seguirla, primero con los ojos y después caminé entre la gente detrás de ella hasta que vi que se metía a una tienda a comprar un refresco; ahí la abordé.

—Hola, me llamo Pepe… bueno, José Luis, pero me dicen Pepe —dije sonriendo, intentando ser simpático, y extendí mi mano para saludarla. Ella soltó una carcajada y fijó su vista en mi mano unos segundos antes de devolverme el saludo.

—Hola, Pepe, yo soy Tatiana. ¿Nos conocemos?

—No, pero sí; o sea, no antes, pero ahora sí…

¡Puta madre! ¡Qué nervioso me puse! Pero que chingón se siente ese valor que crees no tener y que aflora cuando una mujer te gusta. Se suda, pero se goza.

—¿Vives aquí en Cholula? —preguntó.

—No, vivo en Tlaxcala, ¿y tú?

—¡Qué coincidencia! Yo también.

¡Uta!, más suertudo no podía sentirme: conocer a esa mujer hermosa en Cholula y descubrir que vivíamos en la misma ciudad. Estaban alineados los astros o el universo. Lo que sea, pero yo ese día andaba en mi momento. Tatiana, simpática y culta, me contó que estudiaba desarrollo turístico en la Universidad del Altiplano. Yo le dije que cursaba la carrera de mecatrónica en la Universidad Politécnica. Caminamos por las calles, subimos y bajamos la pirámide. Cholula fue testigo esa noche de agosto del nacimiento de una historia de amor que me dejaría marcado para siempre.

Ella había ido a Cholula porque, debido a su carrera, creía necesario salir y conocer todos los rincones posibles del país. Yo acudí a ese sitio a acompañar a una tía que había organizado una manda a la Virgen de los Remedios, y como ninguno de mis primos la quiso acompañar, me ofrecí a llevarla en mi auto. Mi tía allá se había quedado en la procesión, arrodillada ante la Virgen, mientras yo caía de rodillas ante la belleza de Tatiana.

Ella con veintidós años y yo con veintitrés. A los veintes el amor posee un sabor a novedad y debo confesar que, aunque antes de ella tuve cuatro novias, con ninguna experimenté algo tan intenso como lo viví con mi Tatiana adorada.

En Tlaxcala continuamos viéndonos, salimos un par de veces a tomar un trago y también fuimos al cine. Al mes y medio le declaré mi amor y nos hicimos novios. A ella le causó gracia porque su manera de pensar era más liberal que la mía y, como me lo dijo: "Ya no se usa, sólo se sale con la persona que te gusta y fluyes". Pero le comenté que no, que yo iba en serio y que quería llamarla *novia* ante el mundo entero. Mi novia Tatiana. A ella le causó mucha risa y me besó. Fue un noviazgo lleno de aventuras. Cada fin de semana planeábamos algo. Aventarnos en alguna tirolesa, ir a nadar, visitar algún pueblo o una ciudad cercana. Una ocasión viajamos juntos a Oaxaca y estuvo tomando notas y fotografías; llevaba registros de todo para sus trabajos de clase. Yo terminé mi carrera y ella fue mi acompañante en la graduación. Está por demás decir que nuestras familias ya nos visualizaban casados. Sus padres y los míos se hallaban totalmente de acuerdo con nuestra relación. Dos jóvenes con futuros prometedores. De verdad no vi venir el huracán. Me agarró desprevenido.

Tres años y un mes de novios, carreras terminadas y el horizonte para recorrerlo juntos, y se le ocurre a Mauricio Linares aparecer en nuestro camino.

Alto, delgado, atlético, políglota y egocéntrico. Director de una empresa hotelera que llegó a Tlaxcala a instalar un hotel en la ciudad. Tatiana aplicó una prueba para ocupar el puesto de asistente de dirección y se ganó la vacante. Y ahí empezó el desmadre. Se me pasaron algunos detalles acerca del cabrón de Mauricio. Era soltero, ganaba mucha lana y vivía solo en un departamento minimalista y lujoso; manejaba una camioneta Volvo del año y vestía como modelo de Armani el pendejo.

Mi pobre Tatiana cayó fulminada. Y yo, Pepe, el que vivía con sus padres, el que usaba el carro que su progenitor dejó de manejar por ser modelo viejo, el que estaba peleando por un puesto en una empresa de la Ciudad de México porque para mi carrera este país era un entorno complicado. Era una carrera "rara", y yo de los raritos que estudiaban esas cosas.

Mi Tatiana comenzó a hablar día y noche de Mauricio. Que si era muy inteligente, que si su acento francés era perfecto, que si estaba leyendo el mismo libro que ella, que habían cerrado juntos un gran contrato. ¡Mierda! ¡Cómo duele que la mujer que amas admire a otro cabrón! Los celos carcomían mis tripas y mi alma. Me quedaba callado para que Tatiana no se percatara de mi inseguridad, de mis temores. Pero poco a poco crecía mi miedo de perderla. Y así fue.

Cuando una mujer te dice: "Tenemos que hablar", prepárate, porque algo muy pesado está por caerte encima y posiblemente te aplaste.

Me invitó a cenar al Xochuca. Cabe señalar que nunca habíamos ido juntos a ese lugar, nosotros frecuentábamos la Tía Yola, pero bueno, ahí me citó y ahí me la soltó.

—Pepe, te quiero mucho, pero ya no siento lo mismo. Tengo que ser sincera contigo después de todo lo que hemos vivido juntos, no puedo seguir como si nada pasara, sin confesarte que ya no me siento cómoda a tu lado.

Así es, de madrazo y sin piedad me mandó directo a la *friend zone*.

—Quiero que sigamos siendo amigos, no me gustaría terminar mal contigo porque te quiero mucho y siempre serás importante para mí.

Y yo escuchando, con los testículos en medio de mi garganta y mis lágrimas escurriendo. Dolor igual no había sentido, lo juro. Aguanté como los machos… unos quince minutos. Después solté el llanto y supliqué que no finalizara nuestra relación, dije que la amaba como loco y que ya no sabía vivir sin ella. Le prometí ser mejor cada día para su persona, que me esforzaría por ser el mejor novio, el mejor hombre del planeta para ella, porque yo era suyo y ella mía, que no podíamos terminar así. Entonces me asestó otro madrazo.

—Estoy enamorada de otro.

Ahí sí valí madres. Ante esa confesión ya no pudo mi alma. Aventé unos billetes sobre la mesa y con los dos gramos de dignidad que me quedaban le externé:

—Entonces no se diga más, que seas feliz, no me interesa saber quién es. Hasta siempre, Tatiana.

Agarré mi corazón hecho pedazos y salí del restaurante. Obvio presentí que Mauricio Linares era el intruso que nos separaba de esa manera, pero preferí no quedarme a escuchar su maldito nombre. Me retiré de ahí, llegué a casa y me escondí a llorar en el baño. Después entré a llorar en mi habitación. Y me pasé los días siguientes caminando como sonámbulo, arrastrando de un lado a otro mi corazón roto. Lloriqueaba por los rincones como la muñeca fea de la canción de Gabilondo Soler. Las penas de amor son cabronas y el recuerdo de la felicidad que existió es poderoso. Tan poderoso que todo lo puede y van a saber por qué.

Algo que jamás pensé que podía hacer, lo hice. Me convertí en amante de mi Tatiana con tal de no perderla. Lo cuento y hasta se me pone la piel de gallina. De lo que uno es capaz por quedarse agarradito de un pedazo del corazón de la persona que ama.

Tatiana y Mauricio comenzaron su relación —o al menos la hicieron pública— dos meses después de aquella trágica noche en el Xochuca.

Se les veía por toda Tlaxcala paseando en su elegante automóvil y asistiendo a recepciones y eventos en las altas esferas empresariales de la ciudad. Yo miraba sus fotos en revistas locales y en los periódicos. Amigos me contaban lo bien que se veían e insistían en que yo debía hacer lo mismo: conseguirme una nueva novia y seguir con mi vida. Pero no era tan sencillo, yo amaba tanto a mi Tatiana que, aunque parezca masoquismo, disfrutaba observarla en fotografías con él. Me valía madre que el tipo estuviera a su lado, con mirar su la carita de mi ex novia en la imagen me bastaba. Soñaba con ella dormido y despierto. Fue entonces cuando conseguí un trabajo en la Ciudad de México y me fui. Tierra de por medio no basta cuando, a donde uno se traslada, se lleva el recuerdo. Tenía tres días de haberme establecido en la capital cuando recibí una llamada de Tatiana.

¿Saben lo que se siente cuando se recibe la llamada que se ha estado esperando por meses? Si les ha ocurrido, conocen lo que sentí. Mi corazón se aceleró tanto que creí que me daría un infarto.

—Pepe, ¿cómo estás?, me encontré a tu mamá y me dijo que te fuiste a trabajar a la Ciudad de México ¡No sabes el gusto que me dio la noticia!

—¡No sabes el gusto que me da tu llamada! —respondí.

Y comenzamos a platicar de todo y nada; el tiempo se diluyó. Cuando colgué, revisé el reloj y me di cuenta de que charlamos durante más de una hora. No es tan fácil romper el vínculo de dos personas que se han amado tanto. Cuando mis amigos me decían que todo entre nosotros era sexual yo les respondía que definitivamente no. Lo mío con Tatiana no sólo se trataba de pasión y obsesión, de verdad la amaba con locura, me gustaba saberla feliz, disfrutaba a su lado lo mismo una tarde de cine que una tarde de sexo. Lo que juntos vivimos no se desvanecería con un truco de magia barato realizado por Mauricio Linares. Esa llamada fue una muestra de lo que afirmo, de que ese vínculo no estaba del todo deshecho. Tatiana y yo nos extrañábamos. Lo sentí en esa llamada, lo sentí en lo más profundo de mi corazón. Y a esa llamada siguieron otras, hasta que, un par de meses después de haber retomado el contacto, ella tuvo que viajar a la capital a tomar un curso de capacitación. Entonces

Mauricio Linares se quedó allá en Tlaxcala, mientras yo recibía en mi departamento —y en mi lecho— a su novia. Mi ex novia entre mis brazos. Y empezó el recalentado.

Ella seguía convencida de que estábamos mejor como amigos, pero me besaba. Me decía que lo nuestro ya era cosa del pasado mientras yo le hacía el amor. Comenzamos a vernos a escondidas de Mauricio, de nuestros amigos, de nuestros familiares. A nadie confiamos nuestra recaída amorosa, la mantuvimos en secreto. ¿Recuerdan que párrafos atrás dije que el recuerdo de la felicidad vivida es poderoso? Tan poderoso que me llevó a hacer algo impensable para mí, pues muchas veces juré que nunca regresaría con un ex amor, que jamás sería capaz de hacer algo como lo que hice: ser amante de mi ex novia. ¡Valiendo madres! De ser el oficial, el que la llevaba del brazo en lo público, ahora era el que la besaba a escondidas y se mantenía oculto, convertido en el más oscuro secreto de Tatiana.

Pero cuando recordaba lo feliz que habíamos sido juntos no existía argumento que me restableciera la cordura ni la dignidad.

Transcurrió un año de nuestras vidas de esta manera. Ella iba a verme a la Ciudad de México con cualquier pretexto de trabajo, y cuando yo visitaba a mi familia en Tlaxcala nos veíamos a escondidas de todos. Nos comunicábamos por teléfono dos o tres veces por semana y los dos aprendimos a no hablar del asunto. Nos limitábamos a seguir jugando ese peligroso juego, esa ruleta rusa, hasta que alguno de los dos cayera muerto.

Y ese fui yo. Cuando mi madre me dijo que había visto la fotografía de Tatiana con Mauricio en el periódico, anunciando su compromiso matrimonial, caí fulminado. Ahí entendí que había seguido recalentando el amor de Tatiana con la esperanza de que algún día los papeles volvieran a ser los de antes. Que Mauricio se convirtiera en el ex novio y yo en la pareja oficial. Me di cuenta de que mantuve las cenizas encendidas de nuestro amor soplándoles con la esperanza de que un día se transformaran en hoguera, pero nunca pasaron de ser una débil flamita. Hay quien piense que me hice pendejo yo solo, y que aproveché que Tatiana se prestó a ese juego y gocé tal vez por venganza. Pero juro que no fue así. Creí que un día ella diría: "No me voy, me quedo a tu lado", y que Mauricio Linares se retiraría, caminando derechito al carajo.

Después de la noticia de su próxima boda dejé de contestar sus llamadas, me mudé de departamento y cerré por fin ese capítulo de mi vida. Habrá quien afirme que perdí mi tiempo dos veces con la misma persona. Por un largo periodo yo creí lo mismo. Pero ahora puedo asegurar con honestidad que tuve que vivirlo para aprender una lección: el recalentado sabe sabroso. Eso ni en duda lo pongo. Disfruté porque en cada uno de esos reencuentros la volví a sentir mía, en cada beso me sentí con posibilidades de recuperarla. Tal vez fue una pobre manera de luchar la última de mis batallas por su amor.

Tatiana ya no me buscó. Creo que mi silencio y mi desaparición le dejó claro que me enteré de su boda y que por eso tomé la decisión de acabar con ese jueguito de una vez por todas. Nunca la volví a ver, porque una vez que se casó se fue a radicar a la Riviera Maya con su marido. Yo me quedé un par de años en la capital y después conseguí un empleo en Houston, Texas, desde donde recuerdo y comparto esta historia. Me asomo por la ventana y allá afuera, en el jardín, está Angie, mi esposa, jugando con mi hijo Pepe, de dos años. Tatiana es mi ex novia, y yo soy un ex pendejo, porque juro que jamás volvería a cometer semejante pendejada. Porque el mundo es un mejor lugar cuando uno es mejor persona.

NO SE PARECE

¿Sabe qué es lo mejor de los corazones rotos?
Que sólo pueden romperse de verdad una vez.
Lo demás son rasguños.
CARLOS RUIZ ZAFÓN

n tanto sorprendida, le pregunté a Alondra:

—¿Juras que sí es?

—¡Claro que es Adolfo!

Mis ojos se abrían y cerraban sin dar crédito a lo que veían.

Adolfo González fue mi novio en la secundaria. Era delgado, con el rostro lleno de barros y los brazos más largos que los pies. Le gustaba la química y jugar ajedrez. *Nerd* absoluto. Me agradó porque era tierno, respetuoso, y me ayudaba con las tareas de la escuela. Era introvertido y detestaba tomar alcohol. Era la época de experimentar con todo: tabaco, mariguana y cerveza. De sentirse adultos en cuerpos llenos de hormonas y jugarle al valiente para ser aceptados. Adolfo por eso no tenía muchos amigos, y era el novio ideal para pasar un buen rato. Además, sus padres le daban dinero y le prestaban el auto; me llevaba a comer y me compraba helados, muñecos de peluche y flores. Por catorce meses fue mi novio oficial, hasta que apareció un chico más guapo que se fijó en mí y entonces le rompí el corazón a Adolfo; lo dejé plantado en una cita, después finalicé mi relación con él y luego le dije que prefería que fuéramos amigos. ¡Ah, cómo me lloró! Me mandaba cartas, mensajes, regalos, y mi desprecio era lo que obtenía. Cuenta Alondra que hasta lo tuvieron que llevar al psicólogo porque no quería comer. Así se enamora uno cuando es adolescente, pero después la vida sigue.

Y pasaron dieciocho años sin saber de aquel muchacho con acné, tímido y escuálido al que le destrocé el corazón. Hasta esa ocasión en la que me cité con Alondra, mi amiga desde la infancia, para comer juntas y ponernos al día. Vi entrar a un hombre musculoso, con *jeans* ajustados que cubrían su firme trasero, y portaba una camiseta roja pegada a su torso que revelaba sin tapujos su marcado abdomen. Su rostro —sin cicatrices de acné— lucía una barba de candado que lo hacía ver muy varonil.

—No se parece —objeté.

—Ahora verás —reviró Alondra y se puso de pie para ir directo a saludarlo.

Era Adolfo González y estaba feliz por el encuentro. Se había graduado con honores de ciencias químicas y practicaba el fisicoculturismo. Seguía jugando ajedrez, pero ya no era nada tímido. Conversó con nosotras durante media hora, pagó nuestra cuenta antes de salir y comentó que en un par de semanas regresaría a Francia, porque allá cursaba un doctorado.

¡Wow! Me quedé ahí, petrificada, mirando cómo se alejaba. Con la mano sudorosa después de haber estrechado la suya, sobreviviendo al impacto del reencuentro, pensando seriamente en no lavarme la cara en varios días para conservar esos besos de saludo y despedida que me plantó en las mejillas. Alondra no podía parar de reír. Después reímos juntas a carcajadas.

Luego, con un gesto serio en su rostro me dijo:

—Tania, no dudes que él también se fue sorprendido.

—¿Y por qué? —pregunté curiosa.

—Porque tú también has cambiado mucho desde entonces. Imagínate: eras una flaca sin senos, y ahora traes prótesis 36B; no te conoció *chichona,* para empezar; tu cabello era negro y ahora lo has teñido de rosa. Te vestías como niña ñoña y ahora pareces emo. Siempre de negro y con el delineador oscuro en tus ojos que te da un aire retador. Eras amiguera y divertida, y te has convertido en una traductora de textos ermitaña que odia los antros y las fiestas, que prefiere viajar sola por el mundo y que escucha música gregoriana. Te conoció como hija de familia que no dabas un paso sin consultar a mamá y ahora no le haces caso ni a ella ni a nadie; eres libre de mente y de pensamiento. La verdad creo que tampoco él te reconoció cuando entró en el lugar.

Volvimos a reír a carcajadas.

—Ahora que lo pienso, tú no te quedas atrás, Alondra, eras enamoradiza desde chiquilla, todos los hombres se te hacían guapos, fuiste noviera desde los nueve años y vaya que tuviste novios. Te la pasabas maquillándote y vistiéndote a la moda, nunca salías a la calle sin peinar y sin tus ridículas bolsas con adornitos de corazones y piedras brillosas. Pepe, Fernando, Gustavo, y el cholo de Rufino, ¡de verdad coleccionaste especímenes de diferentes estilos! —solté una carcajada y proseguí—. Y mira nada más, ahora eres la mujer más relajada que conozco, enamorada de la ropa estilo *hippie*, holgada y sin pretensiones... y lesbiana.

Nuestras risas llamaron la atención de las personas de las mesas de al lado.

—Deberías ver la cara que más de uno de esos ex novios pone cuando me han llegado a encontrar tomada de la mano con Marisa, caminando por la calle —externó en tono travieso.

—Me imagino que quedaron perplejos... ja, ja, ja, ja, ja, ja.

Era verdad. Es más fácil ser consciente de los cambios de los demás antes que de los de uno mismo. La vida se percibe diferente desde cada ser humano. Los años pasan y la evolución es su consecuencia. Hay quienes mantienen su apariencia física a lo largo de la existencia y hay quienes la transforman. Como hay quienes sufren transformaciones paulatinas que los llevan a edificar una personalidad completamente distinta a la que se auguraba de ellos. Conocemos a alguien en una etapa de nuestra vida y nos formamos juicios permanentes de esa persona según cómo era en el tiempo que convivimos. Pero los seres humanos somos pasado, presente y evolución. Cambiamos.

No sé qué haya pensado Gonzalo de mí, puede ser que Alondra tenga razón y en este momento él se encuentre en el avión rumbo a Francia considerando: "Qué cambiada está Tania, ni la reconocí".

Todos tenemos un ex amor que nos sorprende con el paso del tiempo, cuando lo volvemos a ver y encontramos a una persona totalmente distinta a la que habita en nuestra memoria. Por supuesto que cruzó por mi mente: *Si he sabido, no le rompo el corazón y no lo dejo plantado*. Espero que también a él le haya pasado un pensamiento similar al verme, pero sé que nada en esta vida está a destiempo, nadie pasa por nuestro camino ni antes ni después. El sentido del humor es el mejor de los sentidos. Así que me río cada vez que me acuerdo y reflexiono en que todos los seres humanos somos transformación constante, posibilidad latente. Podemos hacer cambios en nosotros cada día, y lo mejor, sorprendernos a nosotros mismos frente al espejo cuando vemos la evidencia. No juzgar a los demás por lo que son, porque todos podemos transformarnos cada día, y aunque conservemos la esencia de nuestros espíritus, a veces logramos hacer grandes cambios en nuestra personalidad. Las mariposas saben de eso.

LA VIDA DESPUÉS DE MI EX
de Rayo Guzmàn
se imprimió en octubre de 2019, en
Corporación de Servicios Gráficos Rojo, S.A. de C.V.
Progreso 10, Col. Centro, C.P. 56530
Ixtapaluca, Estado de México